Alexandra Thomas

Der Täter als Erzähler

D1720872

Hamburger Studien zur Kriminologie und Kriminalpolitik

Herausgegeben von

Prof. Dr. Lieselotte Pongratz †,
Prof. Dr. Sebastian Scheerer,
Prof. Dr. Fritz Sack,
Prof. Dr. Klaus Sessar
und Prof. Dr. Bernhard Villmow

Band 28

LIT

Alexandra Thomas

Der Täter als Erzähler

Serienmord als semiotisches Konstrukt

LIT

Bibliografische Information Der Deutschen Bibliothek
Die Deutsche Bibliothek verzeichnet diese Publikation in der Deutschen
Nationalbibliografie; detaillierte bibliografische Daten sind im Internet
über http://dnb.ddb.de abrufbar.

ISBN 3-8258-5315-2

© LIT VERLAG Münster – Hamburg – London   2003
Grindelberg 15a 20144 Hamburg Tel. 040–44 64 46 Fax 040–44 14 22
e-Mail: hamburg@lit-verlag.de   http://www.lit-verlag.de

Für meine Eltern

*"Ich sage euch: man muss noch Chaos in sich haben,
um einen tanzenden Stern gebären zu können."*

Friedrich Nietzsche, Also sprach Zarathustra (2000, 15)

Vorwort

Die Autorin des vorliegenden Buches kam von der Literaturwissenschaft zur Kriminologie. Das hat sie nie geleugnet – und es würde sich angesichts der Struktur, Terminologie und Schwerpunkte ihres Werkes wohl auch kaum verbergen lassen. Gewiss: als Mitherausgeberin des Sammelwerkes, das die Thematik des Serienmordes aus mehr disziplinären Perspektiven betrachtet als wahrscheinlich je eine Anthologie zuvor (nämlich: Frank Robertz, Alexandra Thomas, Hg., Serienmord. München: Belleville 2003), verfügt sie über eine profunde Kenntnis der Methoden und der je spezifischen Leistungsfähigkeit verschiedener fachwissenschaftlicher Zugänge; der naheliegenden Versuchung, von allem etwas zu nehmen und kräftig durchzuschütteln, bis ein exotischer Perspektiven-Mix daraus wird, ist sie gleichwohl nicht erlegen. Das Ziel, das sie sich gesetzt hatte, war nicht die Erarbeitung *der* allumfassenden Gesamterklärung, sondern der Ausguss einer soliden Ecke im noch in der Konstruktion befindlichen Fundament eines besseren Verständnisses dieser unheimlichen Art menschlicher (und, nota bene, vor allem männlicher) Gewalt.

Unter Rückgriff auf einige wenige systemtheoretische, semiotische und kommunikationswissenschaftliche Ansätze deutet Alexandra Thomas den Täter als "Erzähler" und den Körper des Opfers als "Erzählung". Dahinter steht die Annahme, dass Mord als semiotische Verschiebung nicht sprachlich artikulierbarer Persönlichkeitsanteile und Erlebnisse des Täters in den Bereich der körperlichen Gewalt fungiere – und tatsächlich erschließt sich auf dieser Grundlage so manches vorher Rätselhafte als Teil einer zwar im strengen Sinne des Wortes "perversen", aber in ihrer immanenten Schlüssigkeit doch konsequenten Logik. Scheinbar sinnlose Verstümmelungen werden unter dem Gesichtspunkt der Narrativik auf einmal wahrnehmbare und deutbare Zeichen, über welche sich der Täter über die Funktion und Bedeutung der von ihm begangenen Grausamkeiten auch der Umwelt mitteilt.

Ausgehend von der Semiotik, aber auch in Anlehnung an die so genannte neuere Gewaltforschung (Wolfgang Sofsky, Birgitta Nedelmann, Trutz von Trotha), entwickelt die Autorin strukturelle Ebenen serieller Tötungen, verschiedene Zugangsebenen zu den jeweiligen Handlungseinheiten eines Tatgefüges und Analyseraster für Tatabläufe durch die Definition unterschiedlicher "Zeitfenster" und "Phasen", auf die es das Augenmerk zu richten gelte.

Die Autorin sah es nicht als ihre Aufgabe an, selbst über die Wahlverwandtschaften, Widersprüche und den potentiellen Nutzen ihres Ansatzes im Verhältnis zum "Profiling", bzw. zur "Operativen Fallanalyse" nachzusinnen. Dass sich womöglich gerade wegen dieser Zurückhaltung noch viele Ansatzpunkte erhalten haben, die zahlreiche weiterführende Fragen, fruchtbare Kontroversen und bedeutende Erkenntnisfortschritte versprechen, ist eine der starken Hoffnungen, die seitens der Herausgeber die Publikation dieser Arbeit begleitet.

Auf einer ganz anderen Ebene liegt eine zweite Hoffnung: dass man bei der Lektüre bemerken möge, wie respektvoll und stimmig hier die Figur des Opfers von Gewaltverbrechen thematisiert wird. Der oft gehörte Vorwurf, die Kriminologie – und ganz besonders der Serienkiller-Diskurs – beleuchte immer nur die Täter, während von den Opfern nie die Rede sei, trifft für diese Arbeit jedenfalls ganz und gar nicht zu. Freilich wird hier kein Obolus an die *political correctness* entrichtet, sondern das Drama des Opfer-Werdens wird gerade daran ersichtlich, dass es dem Täter mit seinen Handlungen gelingt, ihm die Subjektivität zu nehmen und es zum semiotischen Repräsentanten seiner (d.h. des Täters) selbst zu machen. In einer Arbeit, die auf jeden Gruseleffekt verzichtet, verfehlt doch gerade die von jeder Betroffenheitslyrik freie Analyse ihre Wirkung nicht, wenn die Autorin erläutert, wie das Opfer durch die vom Täter und von den externen Beobachtern vorgenommenen Unterscheidungen materiell wie semiotisch entkörperlicht, in das Deutungsfeld des Täters und seiner Handlungen überstellt und damit in mehrfacher Hinsicht seiner eigenen körperlichen und psychischen Identität beraubt wird. Man kann wohl ohne Übertreibung sagen: es ist eine besondere Leistung dieses Ansatzes, die in der kriminologischen Theorie übliche Ausklammerung des Opfers aus der wissenschaftlichen Analyse zu überwinden, ohne die dem Opfer zugefügte Negation von Subjektivität zu übertünchen oder zu negieren.

Die dritte Hoffnung ist die, dass man die stille Revolte gegen die Dominanz des hegemonialen Serienkiller-Diskurses erkennen möge. Der Wert der Arbeit liegt nicht in der Rasanz oder performativen Brillanz im Stil der erfolgreichen Romane, Kinofilme und anderer Werke der kulturindustriellen *popular culture*, sondern in der Erarbeitung von Kategorien und Differenzierungen, die einen komplexeren und bewussteren Zugang erlauben. Deshalb werden von der Lektüre am meisten diejenigen profitieren, denen es gelingt, ihre Erwartungen rechtzeitig vom „Schweigen der Lämmer" als dem untergründigen Maßstab jedweder Thematisierung dieses Sujets zu befreien. Sie werden dann unschwer erkennen, dass und warum ein solcher Brückenschlag zwischen Kriminologie und Kulturwissenschaften neue und viel versprechende Aussichten für beide Seiten eröffnen kann und weitere Arbeiten inspirieren sollte.

Hamburg, den 12. November 2002   Sebastian Scheerer

Vorbemerkungen

An dieser Stelle sollen kurz einige Punkte genannt werden, die für die Lektüre des Buches wichtig sind und nicht in den Haupttext gehören:

Zur Gewährleistung eines besseren Leseflusses wird sprachlich durchgehend die maskuline Form gebraucht. Obwohl Serienmord ein Delikt ist, das primär männlichen Tätern zugeschrieben wird, gelten alle Aussagen für beide Geschlechter. Ausnahmen von dieser Regel bestehen dann, wenn der Aspekt der Geschlechtlichkeit explizit spezifiziert wird. Die gleiche Regelung trifft auf Äußerungen bezüglich des Opfers zu.

Wird ein Begriff verwendet, der einem sprachlichen Kontext entliehen ist und aufgrund der Körperlichkeit serieller Tötungen nicht 1:1 übertragbar ist, aber dennoch strukturelle Parallelen zu diesem Phänomen anzeigt, so ist dieser Terminus kursiv gehalten (z.B. "Taterzählung"). Einzige Ausnahme ist der Prolog, in dem keine kursive Setzung erfolgt.

Begriffe wie "Tat", "Täter", "Tötung" oder "Opfer" werden sowohl in der Einzahl als auch in der Mehrzahl gebraucht. Sie rekurrieren immer auf den Tötungstypus des Serienmords – es sei denn, es werden ausdrücklich andere Gewaltformen erwähnt.

Alle im Text enthaltenen Kapitel-Verweise beziehen sich auf Abschnitte im vorliegenden Buch.

Inhaltsverzeichnis

Prolog: Körpergeschichten – Serienmord als sinnlicher und sinnstiftender Akt

Serienmörder erzählen Geschichten. Es sind keine Geschichten im üblichen Sinne. Mit den Märchen und Sagen der Kindheit mag sie vielleicht die Grausamkeit verbinden und mit den Erzählungen aus dem schulischen Deutschunterricht, dass auch sie um Topoi wie "Macht", "Begehren" und "Tod" kreisen, aber ihr 'Material' ist ein völlig anderes. Serienmörder äußern sich nicht in Form der gesprochenen oder geschriebenen Sprache, sondern in Gestalt ihrer Taten. Der Zugang zu ihren Erzählungen führt über das Entziffern der Körper ihrer Opfer. Die Geschichten spielen sich auf rein physischer Ebene ab, und sie offenbaren sich dem Beobachter nicht als in sich geschlossene Handlungen, sondern als Ansammlungen von Fragmenten und 'losen Handlungssträngen', die erst zusammengefügt werden müssen.

Die unmittelbare Erzählung beginnt mit dem Mord. Mit ihm entspinnt sich ein Szenario finaler physischer Gewalt, über das sich der Täter primär gegenüber dem Opfer äußert – sich ihm mitteilt. Die Tat kann ein Ausdruck der Langeweile sein, der Unfähigkeit oder des Unwillens, Nähe anders erleben zu können als über die Ausübung körperlicher Gewalt. Sie kann ein Vehikel des Hasses oder der eigenen Ohnmacht sein, die mittels der Tötung in Macht umgewandelt werden soll. Die Tathandlungen erlauben es dem Täter, sich zu inszenieren, mit dem Opfer physisch zu interagieren und zu kommunizieren – etwa durch Zufügung von Schmerz. Die Tatbegehung ist in der Regel das Resultat einer komplexen und jahrelangen Vorgeschichte, welche all jene Lebensepisoden des Täters umfasst, in denen er seine destruktiven Fantasien entwickelt und diese nach und nach in die Realität umgesetzt hat (z.B. Tierquälerei, Diebstahl, Brandstiftung u.a.).

Serienmord im Gewand kulturell geprägter Begriffe wie "Geschichte", "Erzählung", "Inszenieren" oder "Kommunizieren" klingt vielleicht harmlos, ist es aber keineswegs. Denn die Strategie, sich fortgesetzt über Mord mitzuteilen, bedeutet Leid – oftmals extremes Leid – für die Opfer und die Auslöschung von Leben. Diese extreme und zerstörerische Erfahrung lässt sich kaum in Worte fassen, ohne in Dilettantismus abzugleiten, aber sie hinterlässt ihre Spuren an den Körpern der Toten. Diese sind nicht nur 'Plattform' der Täter, sondern sie legen auch ein letztes, relativ gesichertes Zeugnis über die Art und Weise ab, wie ein Opfer gestorben ist: darüber, ob die Tötung sofort erfolgte, wie schnell der Tod eintrat, ob das Opfer vor dem Tod sexueller Gewalt oder Folter ausgesetzt war, ob es sich gewehrt hat und ob Verstümmelungen zu Lebzeiten oder postmortal zugefügt wurden.

Mit dem Verlassen des Tatorts beziehungsweise der Entsorgung der Leiche schließt der erste Teil der Taterzählung. Einige Täter setzen diesen Part der *Geschichte* fort, indem sie beispielsweise Gegenstände oder Körperteile der Opfer entwenden und sich den Tathergang mit ihrer Hilfe in der Vorstellung immer wieder vergegenwärtigen, variieren und in Tötungsfantasien integrieren.

Sobald der Tod des Opfers eintritt, ist der Täter der einzige verbleibende 'Zeuge', der unmittelbar vom Geschehen Kenntnis hat und dieses weitergeben könnte. Aber Serienmörder sind, wie andere Täter auch, keine besonders zuverlässigen Erzähler. Wenden sie sich an Medien und Polizei oder werden sie gefasst, so sind ihre Darstellungen mit Vorsicht zu genießen. Das gilt im Übrigen auch für die Tat selbst. Die am Tatort hinterlassenen Spuren sind nicht immer das, was sie zu sein scheinen. Sie können manipuliert sein, um den Betrachter, den Ermittler, auf eine falsche Fährte führen zu wollen. Damit sind wir beim zweiten Teil der Geschichte angelangt, der aus einer Vielzahl ganz anderer Perspektiven erzählt wird: aus der Sicht des Kriminalbeamten, des Rechtsmediziners, des Mikrobiologen, des Psychologen oder des Kriminologen usw. Wird eine Leiche gefunden und der Verdacht eines unnatürlichen Todes erhoben, wird ein Tat-/Fundort entdeckt und als solcher identifiziert, so beginnt der Versuch einer 'Nacherzählung'. Der Tathergang wird anhand der Spurenlage und der am toten Körper des Opfers hinterlassenen Verletzungen rekonstruiert. Es entsteht eine neue Variante ein und derselben Ausgangsgeschichte, die den Ermittler zum Täter führen soll. In den sprachlichen und visuellen Erzählungen der Kriminalisten und Wissenschaftler werden die physischen Spuren des Mordes zu Stellvertretern des Täters, die ihn repräsentieren und 'Zeichen' seiner individuellen Geschichte sind. Es sind oft die einzigen Anhaltspunkte, die den Ermittlern zur

Verfügung stehen. Denn anders als beim Gros der Tötungsdelikte scheint es bei Serienmorden relativ selten eine direkte Verbindung zwischen Täter und Opfer zu geben. Der Täter ist somit weder im sozialen Umfeld des Opfers zu finden, noch lässt er sich mit einem der traditionellen Motive wie Eifersucht oder Rache in Verbindung bringen. Erschwerend kommt hinzu, dass er in seinem eigenen Lebensmilieu als unauffällig und durchschnittlich gilt. Sichtbarkeit erlangt er nur über das Töten – über den Körper eines anderen Individuums.

Durch das sich fortlaufend wiederholende Morden wird das gewalttätige Agieren an und das Interagieren mit einem anderen Organismus zu einem beständigen Lebensszenario, das der Täter sich parallel zu seiner Alltagswelt schafft oder mit dieser vermischt. Diese Art des selbstinszenierenden 'Erzählens' birgt eine beunruhigende und verstörende Komponente, die in den Geschichten der Ermittler und Forensiker ausgeblendet wird, weil sie hier für ein Vorankommen und Verstehen der Handlung nicht zwingend erforderlich ist. Ihre Aufgabe ist es schließlich, den Teil der Taterzählung zu enthüllen, den der Täter selbst gerne verschleiert, um strafrechtlichen Konsequenzen zu entgehen: nämlich seine Identität und Urheberschaft. In einer soziokulturell und kriminologisch orientierten Analyse sollte dieser Aspekt jedoch nicht fehlen, denn er ist wesentlicher Bestandteil der Handlungsstruktur (serieller) Tötungen: Ein physischer Gewaltakt wie das Töten ist ein sensuelles, körperlich erfahrbares Erlebnis von absoluter und destruktiver Intensität. Ein aktiver, dynamischer Prozess, über den der Täter seine Vorstellungen und Selbstentwürfe realisieren kann. Nach sozialen wie rechtlichen Normen untragbar ist diese Strategie der Selbstverwirklichung, weil sie die Bemächtigung eines anderen Organismus beinhaltet und gegen das Tabu der Sterblichkeit und Verletzlichkeit verstößt – ohne in einen institutionellen Rahmen (Militär, Polizei usw.) eingebunden zu sein. Serienmord ist ein sinnstiftendes Ereignis: Der Gesellschaft erlaubt es eine Bestätigung und Verstärkung gesetzter Werte und Normen und dem Täter ermöglicht es eine pervertierte Form der Selbstentfaltung und des Sich-Mitteilens gegenüber Opfer, sozialer Gemeinschaft und staatlichen Institutionen.

Das vorliegende Buch markiert den Versuch einer Annäherung an dieses Phänomen extremer körperlicher Kommunikation und Selbstinszenierung – eingebettet in den bestehenden Serienmord-Diskurs. Anhand ausgewählter Beispiele aus dem Kanon fachlicher Serienmord-Erzählungen (z.B. von Douglas, Ressler) soll in diesem Beitrag eine neue Lesart der dort präsentierten Tatmerkmale entworfen werden. Auf diese Art entsteht eine weitere Serienmord-Geschichte und das Netz aus Taterzählungen, Rekonstruktionen und Erklärungsversuchen spinnt sich fort.

Wie bei allen Geschichten sind für ein solches Projekt gewisse Ingredienzien nötig, damit die Erzählung funktionieren kann. Im gegebenen Fall bedarf es vor allem eines wissenschaftlichen Fundaments, welches das Ganze trägt. Um analysieren zu können, wie sich ein Serienmörder über seine Taten äußert und inszeniert, empfiehlt sich ein kommunikationstheoretischer Ansatz. Da sich die Taterzählung in Form von deutbaren Spuren manifestiert, bilden Konzepte aus dem Feld der Zeichentheorien eine Grundlage für die folgenden Ausführungen (primär de Saussure). Eine weitere Basis sind Luhmanns Theorie von Medium und Form sowie Jakobsons Klassifizierung der Sprachfunktionen. Dieses theoretische Gerüst wird wesentlich gestützt durch Kerstens Ansatz der geschlechtlichen Selbstbewerkstelligung und durch neuere Überlegungen zum Phänomen physischer Gewalt (Katz, Popitz, Sofsky, von Trotha etc.). Zusammen mit rechtsmedizinischen und fallanalytischen Erkenntnissen bilden Letztere das Fundament für ein multifaktorielles und mehrdimensionales Konzept zur Beschreibung physischer Gewalt, welches einen wesentlichen Zugang zum Untersuchungsgegenstand "Serienmord" markiert.

Ein solches Kaleidoskop an unterschiedlichen Theorien erfordert einige Vorarbeit, um ein besseres Verständnis gewährleisten zu können. Am Anfang steht daher eine Einführung in literatur- und kulturtheoretische Begriffe wie "Erzählung", "Zeichen", "Kommunikation" und "Selbstinszenierung". Gleichfalls wird ein grober Überblick über Luhmanns systemtheoretischen Kommunikationsansatz gegeben. Anschließend sollen Praktiken der körperlichen Selbstkonstruktion und Interaktion sowohl im allgemeinen soziokulturellen Kontext beleuchtet, als auch im speziellen Kontext physischer Gewalt fokussiert werden. Es folgt eine einführende Erörterung spezifischer Aspekte serieller Tötungen, wobei unter anderem auf die Problematik der Abgrenzung von anderen gewalttätigen

Lebensszenarien und die narrative Konstruktion fachlicher Fallgeschichten eingegangen wird. Denn nicht nur die Taterzählungen von Serienmördern sind inszeniert, die Geschichten der Kriminalisten und Kriminologen, die über sie schreiben, sind es auch, weshalb eine kritische Reflexion dieser Veröffentlichungen zwingend notwendig ist. So lässt das jeweils verwendete sprachliche Inventar (Metaphern usw.) Rückschlüsse auf die Einstellungen und Wertungen der Autoren gegenüber dem Thema "Serienmord" zu.

Vor diesem Gesamthintergrund wird im zweiten Teil des Buches ein Erklärungsansatz konzipiert, der einen multiperspektivischen Zugang zur körperlich-gewaltförmigen und semiotischen Ebene serieller Tötungen bietet – insbesondere zum Bereich der physischen Selbstäußerung und Kommunikation. Basierend auf diesem Konzept erfolgt eine exemplarische Analyse von Tatmerkmalen (Nekrophilie, Sadismus, Kannibalismus etc.).

Im Rahmen dieses zeichentheoretischen Komplexes sind verschiedene Fragestellungen zu erörtern: zum Beispiel der Einfluss psychodynamischer Prozesse, die Rolle der Körperlichkeit, die Funktionen physischer Tathandlungen, die Bedeutung der Serialität, sowie die Probleme, mit denen außenstehende Beobachter wie Kriminalisten bei der Untersuchung von Tatorten konfrontiert werden (etwa durch die besondere Arrangierung, Verdeckung oder Manipulation des Tatgeschehens). Und schließlich ist zu thematisieren, welcher Stellenwert dieser extrem gewalttätigen Form des körperlichen Erzählens und Kommunizierens in westlichen Gesellschaften zugeordnet werden kann.

1. Einleitung

Serienmord wird häufig im Bereich des Archaischen und Triebhaften verortet und ist gekoppelt an Konzepte wie das des "Sexualmörders" oder "Psychopathen" (vgl. hierzu Leyton 2000, *xx* ff.). Diese Deutungsmuster beruhen auf der Annahme, dass ein (Mehrfach-)Täter zwanghaft aus einem sexual- und/oder psychopathologischen Zustand heraus tötet. Marneros (1997) definiert beispielsweise Gewalttaten, die mit Merkmalen wie "Sadismus" oder "Kannibalismus" einhergehen, als sexuell motivierte Akte – als Ausdruck einer pathologischen, destruktiv gelebten, Sexualität.

Sowohl im wissenschaftlichen Diskurs[1] als auch in den Massenmedien hält sich das Stereotyp des sexuell motivierten Mehrfachmörders hartnäckig (siehe z.B. Dietz et al. 2001 – zum Typus des "sexuell-sadistischen" Täters) – trotz diverser Forschungsbeiträge, die gleichfalls eine Relevanz psychischer, sozialer und kultureller Faktoren belegen (u.a. Ressler et al. 1995, Stratton 1996) und sich zunehmend den individuellen Lebensszenarien von Serienmördern widmen (z.B. Canter 1994, Skrapec 1996 u. 2001).[2] Leyton beschreibt diesen Konflikt wie folgt:

---

[1] Der Begriff "Diskurs" ist in den Kultur- und Sozialwissenschaften längst zu einem Schlagwort avanciert. Er wurde im Wesentlichen von Foucault geprägt und beinhaltet das themenspezifische, regelgeleitete Produzieren von Text. Ein Diskurs umfasst die Gesamtheit aller Beiträge, die in einem Zeitfenster (Epoche, Jahrhundert etc.) zu einem Thema (z.B. zu "Moral", "Krankheit" oder "Sexualität") geschrieben wurden – unter Verwendung spezifischer Konventionen und Regeln des Schreibens und Vermittelns (bspw. Gebrauch eines bestimmten Vokabulars, Stils usw.). Mittels dieser Textbestände werden Zuschreibungen und Deutungsschemata konstruiert und verbreitet, welche sowohl für den Einzelnen, als auch für das politische und soziale System eine legitimierende, strukturierende und regulierende Funktion haben. Der Zugang zur Definitionsmacht ist limitiert und obliegt i.d.R. staatlichen, wirtschaftlichen und wissenschaftlichen Institutionen und Verbänden (vgl. Hawthorn 1994, 64-68; Keller 1997, 309-333).

[2] In diesem Zusammenhang sei besonders auf Skrapecs Aufsatz "The Sexual Component of Serial Murder" (1994) verwiesen. Hier setzt sich die Verfasserin sehr differenziert mit dem sexuellen Aspekt bei seriellen Tötungen auseinander, indem sie Komponenten wie sexuelle Erregung, Befriedigung und Sinnlichkeit in einem psychosoziokulturellen Kontext ansiedelt (S. 160 ff.).

Another central debate in the field concerns the psychiatric sciences' common claim that these killers were victims of a (usually vaguely defined) mental illness. In response to this, the social sciences tended to argue that the killers' motives were 'neither insane nor random but buried deeply in the social order, part of a continuously evolving social process' (Leyton 1989, 329 f.).[3]

Die hier genannten Veröffentlichungen lenken das Forschungsinteresse nicht nur auf die subjektiven Lebenswelten von Serienmördern, sondern sie stellen auch Versuche einer multikausalen Betrachtungsweise dar, mittels derer bisher konkurrierende, monokausale Ansätze miteinander kombiniert werden. So kommt Leyton zu dem Schluss, dass sich aus den bestehenden unterschiedlichen psychologischen, soziologischen und kriminologischen Theorien eine gemeinsame Quintessenz ableiten lässt:

Indeed, a real consensus exists that serial killers are damaged and limited persons, incapable of interacting as equals with others, who see their victims as somehow representing a category of person that has foiled their ambitions or ruined their lives: thus, to them, their killing spree is a form of sexual vengeance. (Leyton 2000, *xxiii*)

Diese Annahme bedarf mit Blick auf die zukünftige Serienmordforschung einer weiteren Überprüfung, zeigt aber, welcher Leitgedanke vielen Konzepten zugrunde liegt: Ein Serienmörder muss nicht im Sinne einer psychologischen Definition "krank" sein, um seine Taten zu begehen, aber ein Individuum, das fortgesetzt tötet, häufig unter Anwendung extremer Gewalt (Verstümmelung, Folter etc.), birgt ein massives psychosoziokulturelles Konflikt- und Destruktionspotential.

Im vorliegenden Buch soll der Fokus primär auf soziale und kulturelle Komponenten gerichtet werden, ohne die Existenz anderer Faktoren in Abrede stellen zu wollen. Ziel ist es, einen theoretischen Deutungsrahmen zu entwerfen, mit dessen Hilfe sich subjektive Lebenswelten von Serienmördern erfassen und un-

---

[3] Zitiert nach Leyton 2000, *xx*.

7

tersuchen lassen. Es soll beleuchtet werden, inwieweit serielle Tötungen ein Verfahren darstellen, das trotz seiner extremen Ausprägungen in den kulturellen Kanon des sozialen Systems eingebettet ist.

Zu diesem Zweck ist es notwendig, die Schnittstellen von Serienmord und anderen kulturellen Phänomenen wie Sprache und bildlichen Zeichenkodes aufzuzeigen und die hierfür relevanten literatur- und kulturwissenschaftlichen Ansätze und Termini genauer zu illustrieren.[4] Der Hauptunterschied besteht darin, dass bei der seriellen Tötung mittels des menschlichen Körpers – anhand organischer Materie – Zeichen gesetzt werden, während es sich bei sprachlichen und bildlichen Zeichen um abstrakte, das Gegenständliche repräsentierende Bedeutungsträger handelt. Die meisten Kulturtheorien (Strukturalismus, Dekonstruktivismus etc.) beziehen sich auf abstrakte Zeichensysteme – primär auf das der Sprache. Das bedeutet: Die im Folgenden skizzierten Konzepte lassen sich nicht einfach auf ein Phänomen wie Serienmord übertragen. Um näher betrachten zu können, wie sich Individuen über solche Tötungen selbst organisieren und ihrer Umwelt mitteilen, müssen die Besonderheiten dieser gewalttätigen, am menschlichen Körper vollzogenen, Kommunikation herausgearbeitet und berücksichtigt werden.

Die für diesen Prozess erforderlichen kulturtheoretischen Komponenten wurden bereits im Prolog genannt: Durch die Produktion von **Zeichen** (Spuren am Tatort/an der Leiche des Opfers etc.) werden **Sinneinheiten** geschaffen, die in ihrer Gesamtheit komplexe *Erzählungen* des Tathergangs und -hintergrunds ergeben. Diese erfüllen seitens des Täters (bzw. des Ermittlers) – mehr oder minder bewusst – die Funktion der **Selbstdarstellung** und **Kommunikation**. Diese Aspekte sollen im Folgenden thematisiert werden.

---

[4] In diesem ersten Teil des Buches sind die Ausführungen zur seriellen Tötung weitgehend allgemein gehalten. Diese überaus komplexe und schwierige Thematik wird im zweiten Teil eingehend und vertiefend behandelt.

2. Von Zeichen, Medien und Erzählungen. Ein Ausflug in die Welt der Literatur- und Kulturtheorien

2.1. Die Chiffren des Erzählens

In der Literaturwissenschaft beschäftigt sich die Erzählforschung, die sogenannte "Narrativik", mit dem Aufbau und der Struktur sprachlicher Erzählungen.[5] Sie umfasst unter anderem Theorien zum Erzählvorgang, zur Erzählperspektive oder zur Erzählzeit. Auf diese Ansätze soll im Einzelnen nicht eingegangen werden. Im Rahmen dieser kulturwissenschaftlich-kriminologischen Spurensuche ist der Terminus des Erzählens primär in einen semiotischen[6] und kommunikationstheoretischen Kontext eingebunden, so dass hier nur einige ausgewählte, zentrale Aspekte erörtert werden.

Der Akt des Erzählens lässt sich wie folgt definieren: Sprachliche Segmente werden ausgewählt, angeordnet, verknüpft und perspektiviert, um ein Ereignis bzw. mehrere Ereignisse fiktiven oder realen Ursprungs sinngebend darzustellen (vgl. Schönert et al. 1991, 12).

Dieser Prozess kann relativ durchdacht und strukturiert sein (z.B. in literarischen Erzählungen) oder, zumindest teilweise, unbewusst vollzogen werden (etwa in der Alltagskommunikation). Je nach individuellem Kenntnisstand und Erfahrungshintergrund des Erzählers folgt er den in einer Sprachgemeinschaft vereinbarten grammatikalischen, semantischen[7], stilistischen und narrativen[8] Regeln.

Diese Definition des Erzählakts zeigt eines deutlich: Sowohl alltägliche als auch literarische Erzählungen sind sprachliche Konstruktionen, deren Inhalt und Be-

---

[5] In diesem Buch wird der Begriff des Erzählers in einer Definition gebraucht, die von der ursprünglichen Bedeutung abweicht. Originär muss der Erzähler nicht mit dem Verfasser der Erzählung identisch sein. Vor allem in literarischen Erzählungen handelt es sich beim Erzähler um eine fiktionale Instanz. Im hiesigen Kontext des Serienmords ist der Terminus "Erzähler" primär definiert als "Verursacher" bzw. "Urheber" einer Erzählung.
[6] Semiotik: Lehre von den Funktionen und Strukturen der Zeichen und Zeichensysteme.
[7] Semantik: Wortbedeutungslehre.
[8] Zum Beispiel: Auswahl der Erzählperspektive (Ich-Erzähler oder der allwissende, auktoriale Erzähler), das Kriterium der Glaubwürdigkeit (emotionale wie rationale Nachvollziehbarkeit der Handlung), Verwendung der Tempi, Konzeption des Spannungsbogens (Plot) usw.

deutung erst durch den Vorgang des Erzählens gebildet werden. Sie sind eine Plattform, über die der Erzähler seiner Wahrnehmung von Realität Ausdruck verleihen und zugleich einen neuen Ausschnitt von Wirklichkeit herstellen kann (siehe bspw. Hawthorn 1992, 87; Stehr 1998, 39).[9] Diesem Konstrukt vermag sich der Rezipient (der Leser, Zuhörer oder Zuschauer) mit seiner eigenen Interpretation der Erzählung anzunähern. Seine Deutungen können mit denen des Erzählers übereinstimmen, aber sie müssen es nicht. Trotz des in einer Sprachgemeinschaft vorhandenen Regelkanons sind die Möglichkeiten, diese Regeln auszulegen, zu variieren und (wie noch zu sehen sein wird) Bedeutung zu kreieren, vielfältig. So betrachtet, ist die Rekonstruktion des Rezipienten eine weitere Erzählung – eine Variante der Geschichte des ursprünglichen Erzählers. Findet eine Erzählung einen Adressaten, so gibt es immer mindestens zwei Versionen der dargestellten Handlung (je nach Anzahl der Leser oder Zuhörer).

Die Grundprinzipien des Erzählens und Interpretierens lassen sich an einem alltäglichen Beispiel verdeutlichen: Eine Familie verbringt gemeinsam einen Tag am Strand und doch würde vermutlich jedes Familienmitglied hinterher eine andere Version des Geschehens erzählen – entsprechend seiner jeweiligen Sicht von Welt. Gleichzeitig wird mit diesen Erzählungen auf sprachlicher Ebene neue Realität geschaffen, die allein deshalb existiert, weil sie vom Erzähler beziehungsweise Rezipienten als solche begriffen wird.

Die Art und Weise, wie dieses Ereignis erzählt wird, erlaubt Rückschlüsse bezüglich der Sichtweisen, Vorstellungen und Wahrnehmungen des Erzählers.[10] Mittels der oben genannten Kriterien (**Auswahl, Anordnung, Verknüpfung** und **Perspektivierung**) lässt sich der Sinngehalt einer Erzählung rekonstruieren.

---

[9] Diese Aussage gilt unabhängig davon, ob die erzählte Handlung fiktiv oder real ist. Selbst wenn das Erzählte rein fiktiv ist und der Fantasie des Erzählers entspringt, markiert es doch eine Unterscheidung zur wahrgenommenen Realität und kann zum faktischen Bestandteil der Lebenswelt des Erzählers oder Rezipienten werden. Bestes Beispiel hierfür ist das seit Jahren zu beobachtende Phänomen, dass die Kriminalitätsfurcht in der Bevölkerung weit höher ist als das statistisch erfasste Kriminalitätsaufkommen. Hingegen deckt sich diese überproportionale Besorgnis unter anderem mit der massiven Präsenz massenmedialer Kriminalitätsdarstellungen, von denen ein Großteil als fiktional beziehungsweise semi-fiktional eingestuft werden kann (z.B. Kriminalfilme/-serien, sogenannte 'Doku'-Reihen).

[10] Gleiches lässt sich im Umkehrschluss auch für den Rezipienten und seine Interpretation des Erzählten konstatieren.

Eine solche Analyse lässt sich grob an dem oben angeführten Beispiel veranschaulichen:

(1) Auswahl

Es ist maßgeblich, welche Ereignissequenzen die einzelnen Familienmitglieder in ihre Erzählungen aufnehmen und welche nicht. Wird beispielsweise der Spaziergang auf der Strandpromenade erwähnt oder das Spielen im Wasser? Beide Handlungen implizieren unterschiedliche Bewegungsabläufe und lassen sich je nach Kontext mit bestimmten Themen assoziieren (z.b.: "Abwechslung"/"Sehen und Gesehen werden" vs. "Spaß"/"Abkühlung").

(2) Perspektive

Des Weiteren ist wichtig, welche Perspektiven eingenommen werden und wie das Geschehen (vom jeweiligen Erzähler) bewertet wird. Ein Hauptindikator hierfür sind die verwendeten sprachlichen Mittel (bildliche Ausdrücke, Adjektive, Adverbien etc.). Herrschte auf der Strandpromenade etwa "Gedränge" oder war es dort 'nur' "belebt"? Ersteres wäre negativ besetzt, Letzteres positiv.

(3) (Zeitliche/Räumliche) Anordnung

Darüber hinaus ist entscheidend, wie die einzelnen Sequenzen zeitlich und räumlich angeordnet sind. Werden die Ereignisse des Tages in chronologischer oder nicht chronologischer Reihenfolge erzählt, so gibt dies möglichen Aufschluss über die Fähigkeit des Erzählers, Erlebtes zu strukturieren beziehungsweise eigene Prioritäten zu setzen.

(4) Verknüpfung

Abschließend ist zu prüfen, ob Sequenzen in Form einer Kausalkette oder eines Verweises miteinander verknüpft werden. So erzählen alle Familienmitglieder (inklusive des Betroffenen) von der "schlechten Laune" des Vaters. Während er selbst diese Stimmung damit erklärt, an freien Tagen "nicht abschalten" zu können, denkt die Mutter, dass "man es ihm nicht Recht machen könne" und führt hierfür mehrere Situationen während des Ausflugs an, während eines der Kinder die "nervige" Parkplatzsuche und den Stau auf dem Rückweg als Gründe nennt (vgl. u.a. Schönert et al. 1991, 12; Stehr 1998, 39). Die Aussage der Frau verweist auf ein Konfliktpotential in ihrer Beziehung zum Ehemann, das aus dem scheinbar nicht erfüllbaren Anspruch erwächst, "es ihm Recht machen zu müssen".

Auch wenn dies ein fiktives Beispiel ist, so wird doch deutlich, wie unterschiedlich Geschehnisse von verschiedenen Individuen (den Rezipienten eingeschlossen) dargestellt und bewertet werden können, und dass diese Differenzen ihrerseits Aufschluss geben über die subjektiven Lebenswelten der Erzähler.

Prinzipiell ist jedoch Folgendes zu bedenken:

Je vertrauter ein Individuum mit den Techniken und Gesetzmäßigkeiten des Erzählens ist und je gezielter es sich dieser bedient, desto schwieriger ist es mitunter, die Kernbedeutung der Erzählung zu erfassen. Denn ein Erzähler kann mit unterschiedlichen Erzählperspektiven operieren. Er kann etwas aus der Ich-Perspektive erzählen, was er nicht erlebt hat oder Ereignisse in der 3. Person Singular erzählen, die autobiografisch sind. Er kann mehrere Erzählperspektiven miteinander kombinieren, ohne dass eine von ihnen seine persönliche Meinung wiedergibt. Er kann verschiedene Handlungsstränge verweben, ohne kenntlich zu machen, was Haupt- und was Nebenhandlung – was die eigentliche Erzählhandlung und was eine 'falsch' gesetzte 'Fährte' innerhalb der Erzählung (z.B. in Kriminalromanen) ist.

Doch, obwohl der Rezipient nicht mehr unterscheiden kann, ob die Geschichte einen 'authentischen' Gehalt hat oder nicht, bleibt die Erzählung ein Wirklichkeitskonstrukt. Denn all die verschiedenen Erzählstränge und Erzählinstanzen entspringen der Vorstellungswelt des Erzählers und spiegeln für ihn relevante, sinnbesetzte Themen wider. Dennoch können Brüche und Widersprüche in der Erzählkonzeption ein eventueller Hinweis auf eine Nichtauthentizität des Erzählers sein.[11] Diese Problematik hat für literarische wie für alltägliche Erzählungen Gültigkeit. Das, was erzählt wird, ist nicht immer identisch mit der Intention/dem Interesse des Erzählers, und manchmal soll eine Erzählung von der eigentlichen Bedeutung, die das dargestellte Ereignis für den Erzähler hat, ablenken oder diese verdecken (z.B. in autobiografischen Schriften).

Erzählen ist also eine mehr oder minder komplexe Angelegenheit. Es ist ein Spiel mit Zeichen und Bedeutungen. Aber warum ist das so? Warum bilden Erzählungen nicht einfach das ab, was ist oder erdacht wurde? Ist ein "Hut" denn nicht ein Hut und ein "Tisch" schlicht ein Tisch? Diese und andere Fragen sollen im nächsten Abschnitt zur Semiotik beantwortet werden.

2.2. Zeichen-Bedeutung[s]-Differenz

Ein Zeichen ist die kleinste bedeutungstragende Einheit. Es kann ein Wort, ein Symbol, ein Bild, eine Tätowierung, ein Schrank, eine Jacke oder eine Geste sein. Fährt jemand mit einem Totenkopf auf dem Schoß durch die Gegend, so kann dies ebenfalls als ein Zeichen interpretiert werden. Denn diese Handlung kann sowohl für den Agierenden als auch für den Beobachter eine Bedeutung, einen Sinn, haben. Zeichen sind vielfältig, universell und allgegenwärtig. Aus diesem Grund lässt sich die Semiotik[12] auch nicht auf eine einzige wissenschaftliche Disziplin beschränken. Zeichentheorien sind in der Linguistik, in der Literaturwissenschaft, in den Sozialwissenschaften, in der Kunstgeschichte oder in der Informatik präsent.[13] Semiotik lässt sich bestenfalls als eine Kulturwissenschaft begreifen, wird aber häufig auch als eine Universalwissenschaft verstanden, weil sie quasi alle Bereiche der menschlichen Existenz durchdringt.

---

[11] Anschauliche Beispiele hierfür liefern die populär aufbereiteten Lebensgeschichten von Robert K. Ressler und John Douglas. Die beiden ehemaligen FBI-Beamten und ihre jeweiligen Co-Autoren Tom Shachtman und Mark Olshaker versuchen vergeblich eine Gradwanderung zwischen fachlicher und reißerischer Kriminalitätsdarstellung. Ihr unbestritten vorhandenes Expertenwissen wird fortlaufend durch ein dem Horror-Genre entlehntes Vokabular untergraben (vgl. Ressler/Shachtman 1998; Douglas/Olshaker 1997a/b u. 1999) (siehe zu dieser Problematik auch Kapitel 4.3. (S. 63-72).
[12] Siehe zur Semiotik: Brunner/Moritz 1997, 309 f.; Eagleton 1992, 74-109; Brackert/Stückrath 1992, 15-29; Hawthorn 1994, 283-287.
[13] Ähnliches gilt für den Begriff der Kommunikation.

Die Bedeutung wohnt dem Zeichen nicht inne. Das Wort "Tisch" hat keinerlei Ähnlichkeit mit dem Gegenstand, den es bezeichnet. Die Beziehung zwischen der Buchstabenfolge "T-i-s-c-h" und dem so benannten Objekt ist **arbiträr** – das heißt, rein willkürlich. Diese Festlegung ist das Resultat einer kulturellen Konvention. Das bedeutet, die Sprachgemeinschaft hat sich irgendwann darauf geeinigt, den Tisch als "Tisch" zu bezeichnen und diese Übereinkunft als Norm gesetzt. Im Laufe ihrer Sozialisation eignen sich Menschen das Zeichen- und Bedeutungsinventar ihrer (und anderer) Sprachgemeinschaft(en) an, indem sie sprachliche und bildliche **Zeichenkodes** wie die Schrift erlernen und in der täglichen Kommunikationspraxis trainieren. Ein **Kode** lässt sich definieren als ein abstraktes System, welches die Funktionsweise eines spezifischen Zeichentyps regelt. Eine in der Kommunikationspraxis realisierte Äußerung von Zeichen wird hingegen als **performativer** Akt bezeichnet (z.B. ein mündlich vorgetragenes Referat oder ein Brief). Dabei ist zu berücksichtigen, dass sich ein performativer Akt aus Elementen mehrerer Zeichensysteme zusammensetzen kann (ein Brief kann mit Zeichnungen versehen sein und Sprechhandlungen werden in der Regel von mimischen und gestischen Ausdrücken begleitet).

Demnach existiert innerhalb einer Sprachkultur ein gemeinsames Wissen über Zeichen und ihre Bedeutungszuschreibungen, was eine prinzipielle Verständigung erlaubt. Der Rest ist jedoch "Verhandlungssache". Denn ein Zeichen kann:

(1) inhaltlich mehrfach belegt (**konnotiert**) sein

(das Attribut "komisch" kann sich bspw. auf einen Scherz oder ein befremdendes, irritierendes Erlebnis beziehen);

(2) sinnbildlich benutzt werden

(Das Substantiv "Kopf" steht gewöhnlich für ein Körperteil, aber es kann auch als **Metapher**[14] für "Anführer" verwendet werden. – Beispiel: "Er war der Kopf der Bande.");

(3) in seinem Gebrauch und Verständnis je nach Situation, subjektiver Einschätzung und historischem/soziokulturellem Hintergrund variieren

(so kann der Begriff "Establishment" je nach Perspektive negativ oder positiv besetzt sein – je nachdem, ob jemand der bestehenden Gesellschafts- und Wirtschaftsordnung kritisch oder wohlwollend gegenüber steht; oder vergleiche die unterschiedlichen Zeichensysteme (Kleidungsmodus, Gestik, Sprache etc.) verschiedener Gruppierungen – z.B. von Jugend- und Subkulturen);

(4) geprägt sein durch subjektive Erfahrungen und Wahrnehmungen, die in das erworbene sprachliche und bildliche Inventar eines Menschen mit einfließen

(so wird vermutlich jeder ein anderes Objekt mit dem Wort "Tisch" assoziieren. Der Eine fühlt sich vielleicht an den Esszimmertisch seiner Großmutter erinnert, während der Andere nur ein vages, schemenhaftes Bild dieses Gegenstandes vor Augen hat).

Aus dieser Mehrdeutigkeit und fehlenden Trennschärfe von Zeicheninhalten resultieren zahlreiche Probleme. Wird ein Zeichen gebraucht, so **referiert** (verweist) dessen Benutzer stets auf die Bedeutungen, an die es **gekoppelt** ist, so dass für den Adressaten nicht immer ersichtlich ist, auf welche dieser Kon-

---

[14] Eine Metapher ist ein bildlicher Ausdruck, bei dem Zeichen und Bezeichnetes zwar nicht in unmittelbarem Zusammenhang zueinander stehen, aber eine Analogie zwischen Wort/Bild und Sinngehalt noch erkennbar ist (siehe obiges Beispiel). Anders verhält es sich beim **Symbol**: Hier sind Zeichen und Bedeutung willkürlich gesetzt – ohne dass sich eine indirekte Verbindung feststellen ließe (die Rose kann in Literatur und Kunst bspw. als Symbol für Liebe fungieren). Es ist noch eine weitere Zeichenkategorie zu erwähnen, die neben dem Symbol eine wichtige Rolle im Zusammenhang serieller Tötungen spielen wird: das **Ikon**. Dieses bildet das bezeichnete Objekt direkt ab. Es ist eine auf den ersten Blick erkennbare Ähnlichkeit gegeben. Ikonische Zeichen sind z.B. Fotografien (etwa die fotografische Abbildung eines Tieres, Gegenstandes oder Menschen) (siehe Eagleton 1992, 77; Sowinski 1991, 136 f.).

notationen Bezug genommen wird. Darüber hinaus besteht die Möglichkeit, dass beide Kommunikationsteilnehmer den Kontext, in dem das Zeichen gesetzt wird, unterschiedlich interpretieren oder dem Zeichen einen subjektiven Inhalt beimessen, der von seinem gebräuchlichen Sinn abweicht.

Diese Überlegungen veranschaulichen, auf welche vielfältige und komplexe Weise Sinn hergestellt wird. Zeichen(-systeme) sind kulturelle Konstrukte und gleichzeitig sind sie das zentrale Mittel, um Kultur zu produzieren (in Form von Bau- und Kunstwerken, Literatur, Filmen etc.). Zeichen und Kultur bilden also einen Kreislauf, bei dem ein Element das andere bedingt. Beide sind einem fortlaufenden Wandel unterworfen. Die Bedeutungen sprachlicher und bildlicher Zeichen ändern sich mit dem Wechsel kultureller Kontexte. Zugleich kann dieser Wandlungsprozess nur mittels Zeichen vollzogen werden, weil diese Grundbedingung für jede kulturelle Äußerung sind (vgl. u.a. Hall 1999, 1-11).

Der Gedanke, dass Zeichensysteme willkürlich entstandene, kulturelle Konstrukte sind, geht vor allem auf den Schweizer Sprachwissenschaftler Ferdinand de Saussure (1857-1913) zurück, der neben Charles S. Peirce als einer der Mitbegründer der modernen Semiotik gilt. De Saussure beschäftigte sich unter anderem mit dem sozialen Aspekt des Zeichengebrauchs. Schwerpunkt ist die sprachliche Kommunikation. Er hat zwei zentrale Begriffe eingeführt: Er differenziert das Zeichen in **Signifikant** (Zeichenträger) und **Signifikat** (Zeicheninhalt), während hier bisher nur von "Zeichen" und "Bedeutung" die Rede war. Diese Unterscheidung wird im Folgenden übernommen (siehe Eagleton 1992, 74f.).

Die meisten Zeichensysteme (Sprache etc.) haben **repräsentierenden** Charakter. Da die Setzung von Zeichenträger und -inhalt willkürlich erfolgt und keine direkte, gar materielle Bindung zwischen beiden existiert, übernimmt der Signifikant die Funktion eines Stellvertreters. Er repräsentiert das durch ihn bezeichnete Objekt auch in dessen Abwesenheit. Zwei Individuen können sich über die Funktionalität und Ästhetik von Tischen unterhalten, ohne dass ein solcher im Raum ist. Das Wort "Tisch" kann für sich genommen stehen und setzt entsprechende Assoziierungen frei. Aufgrund dieser abstrakten, nicht materiellen Ebene

16

ist es auch möglich, ideelle, nichtgegenständliche Konzepte wie "Freiheit", "Stolz", "Hass" oder "Freude" zu konstruieren, zu kommunizieren oder Fantasien zu ersinnen und darzustellen (vgl. z.B. das Genre der Fantastik). Auch wenn die Zeichenproduktion durchaus eine materielle Seite hat (Wörter müssen mittels des menschlichen Körpers artikuliert werden, Schrift wird bspw. mit Tinte auf Papier gebannt), lassen sich sprachliche und bildliche Zeichen im Zeitalter computergestützter Digitalisierung nahezu beliebig **reproduzieren** und variieren. Im Zuge dieser Entwicklung sind die Möglichkeiten, auf ihre Zeicheninhalte zu referieren, beinahe unbegrenzt. Zeichen und Bedeutungen lassen sich in den unterschiedlichsten Kontexten **(re-)kombinieren** (Verfahren des Sampling u.a.).[15] Die elektronischen und digitalen Medien fungieren als semiotische Spielwiese. In diesem Zusammenhang sind zwei Zeichenkategorien voneinander zu unterscheiden, nämlich die der **artifiziellen** und die der **naturalistischen** Zeichen. Erstere impliziert, dass ein Zeichen rein künstlich ist. Das heißt, es repräsentiert kein natürliches Objekt oder Subjekt. Das gilt beispielsweise für computergenerierte Figuren wie "Lara Croft" oder "Shrek". Wird eine kulturelle Kodierung aber zum Beispiel am menschlichem Körper, einem natürlichen Objekt, vollzogen (Piercing, Tätowierung etc.), so wird diese als naturalistisch bezeichnet. Die beiden Konzepte "Kultur" und "Natur" sind hier automatisch aneinander gekoppelt. Naturalistische Zeichen sind gewissermaßen Zwitterwesen: Sie verkörpern zwar ein natürliches Objekt oder Lebewesen, aber da sie in die Sphäre des Kulturellen überführt wurden, sind sie gemäß semiotischer Definition kein Bestandteil der Natur mehr (siehe zum Begriff der kulturellen Repräsentation: Hall 1999).

Das Prinzip, welches sich hinter der Repräsentation verbirgt, ist das der **Differenz**. Wenn Signifikant und Signifikat keinerlei natürliche Entsprechung haben, dann erlangt Ersterer seine spezifische Bedeutung dadurch, dass er inhaltlich von anderen Zeichenträgern unterschieden wird. Ein "Tisch" ist nur deshalb ein Tisch, weil sich dieses Substantiv in seiner Sinnzuweisung von anderen Wörtern wie "Gabel", "Wagen" oder "Stuhl" unterscheidet. SINN – BEDEUTUNG – KONZEPTE – INHALTE entstehen demnach durch Differenzierung, durch

---

[15] Ein Beispiel hierfür sind "Patchwork"-Sendungen wie "TV Total" mit Stefan Raab (Pro7), in denen Ausschnitte aus anderen Fernsehsendungen aus ihrem ursprünglichen Kontext herausgelöst und zu einem neuen Produkt zusammengefügt werden.

Unterscheidung. Das ist ein elementarer Gedanke, der sich wie ein roter Faden durch das gesamte Buch ziehen wird – vor allem im nächsten Abschnitt, in dem das Thema "Kommunikation" reflektiert wird und insbesondere Luhmanns Kommunikationstheorie behandelt werden soll.

2.3. *Luh'maniac* – Der ganz 'normale' kommunikative *Wahn*SINN (für Anfänger und Fortgeschrittene)

ERZÄHLUNG – ZEICHEN – KOMMUNIKATION: Das sind drei Bausteine eines Systems, eines spezifischen Verständnisses soziokultureller Mechanismen, das konstruktivistisch geprägt ist. Alle drei Begriffe stehen für unterschiedliche Erkenntnisebenen, die einander bedingen und beeinflussen. Das Zeichen steht in der Mitte, denn es ist die elementare Basis für den Akt des Erzählens und den des Kommunizierens. Es ist der entscheidende Nenner zwischen beiden und somit ihr Bindungsglied. Das Erzählen kann seinerseits als ein Verfahren des Kommunizierens interpretiert werden, denn es ist eine Technik des Sich-Mitteilens. Nachdem bereits die Grundlagen des Erzählens und der Zeichenproduktion skizziert wurden, ist nun die Kommunikation an der Reihe.

Niklas Luhmanns systemtheoretisches Konzept ist mit Sicherheit nicht der einfachste Zugang zum Bereich der zwischenmenschlichen Verständigung. Aber es ist lohnend, denn es ist relativ offen gehalten und lässt sich sowohl auf sprachliche als auch auf physische Handlungen beziehen, was im Kontext serieller Tötungen unerlässlich ist. Darüber hinaus operiert Luhmann mit einer geringen Anzahl an Kategorien. Diese sind zwar, ähnlich wie in anderen Ansätzen, nicht unbedingt trennscharf und klar definiert, aber dafür ist die Gefahr geringer, der Versuchung einer schematischen Kategorisierung zu erliegen.

Zuvor soll jedoch kurz das kommunikationstheoretische Modell von Jakobson vorgestellt werden, welches explizit auf die Untersuchung sprachlicher Kommunikation angelegt ist. Die von Jakobson genannten Sprachfunktionen lassen sich aufgrund der sprachtheoretischen Ausrichtung nur begrenzt auf körperliche Äußerungen übertragen. Dafür bietet Jakobsons Modell eine elementare Definition des Kommunikationsprozesses. Diese beinhaltet Begriffe, welche für die sprachliche *und* für die körperliche Kommunikation essentiell sind. Des Weiteren liefert Jakobsons Klassifizierung der Sprachfunktionen erste Anhaltspunkte für eine mögliche Strukturierung körperlicher Kommunikationshandlungen.

Laut Jakobson ist ein kommunikativer Akt wie folgt strukturiert: Der **Sender** übermittelt dem **Empfänger** eine **Nachricht**. Damit sie von diesem als solche verstanden wird, bedarf es (1) eines **Kontexts**, der auf diese Mitteilung rekurriert und nach Möglichkeit sprachlich erfassbar ist; (2) eines **Kodes**, der zumindest teilweise Sender und Empfänger geläufig ist; und (3) eines **Kontaktmediums**, womit zum Beispiel die gleichzeitige Anwesenheit von Sender und Empfänger in einem Raum oder eine soziale, emotionale Beziehung zwischen beiden Teilnehmern gemeint ist (vgl. hierzu Hawthorn 1994, 108).

Auf dieser Definition basierend, differenziert Jakobson fünf Sprachfunktionen, die jeweils den einzelnen Faktoren (Sender, Empfänger, Kontext, Kode, Kontaktmedium) zugeordnet sind:

(1) Die **referentielle** Funktion nimmt Bezug auf den Kontext (z.B.: "Ich gehe ins Kino.").
(2) Bei der **emotiven** (auch **expressiv** genannten) Funktion liegt der Schwerpunkt auf dem Sender ("Der Film ist langweilig.").
(3) Richtet sich der Fokus umgekehrt auf den Empfänger, so hat die Sprechhandlung eine **konative** Funktion ("Lass uns gehen.").
(4) Bei der **phatischen** Funktion steht der Kommunikationskanal im Vordergrund. Hier geht es um die Verstärkung der kommunikativen Beziehung ("Du hast einen guten Geschmack.").
(5) Die **metasprachliche** Funktion beinhaltet eine (gegenseitige) Rückversicherung hinsichtlich des benutzten Kodes ("Habe ich dich richtig verstanden?").

Das zentrale Problem dieser Einteilung liegt darin begründet, dass sich die Funktionen überschneiden können und sich nicht immer eindeutig klassifizieren lassen. So kann eine scheinbar emotive Mitteilung wie "Der Film ist langweilig." auch als indirekte Aufforderung gemeint sein (bzw. verstanden werden), das Kino zu verlassen. In diesem Fall hätte sie eine konative Funktion. Dennoch ermöglicht diese Kategorisierung eine grobe Systematisierung kommunikativer Akte. Inwieweit sich diese sprachlichen Funktionen auf die körperliche Kommunikation anwenden lassen, wird im Zusammenhang serieller Tötungen zu prüfen sein. Jakobsons Modell könnte sich hier insofern als sinnvoll erweisen, als dass es unterschiedliche Phasen und Kategorien der Gewaltausübung gibt, die mit verschiedenen Intentionen seitens des Täters korrespondieren können. So ist etwa denkbar, dass der Verstümmelung der primären und sekundären Geschlechtsorgane eine emotive (oder in diesem Kontext besser: expressive) Funktion zukommt, während Schläge konativ besetzt sein können – im Sinne einer Kontrollierung des Opfers. Die metasprachliche Funktion lässt sich hingegen kaum auf den körperlichen Bereich übertragen. Das Aushandeln eines Kodes setzt (a) den Gebrauch von Sprache voraus, (b) die Fähigkeit, die Bereitschaft und die zeitliche Verfügbarkeit, um die Interaktion zu reflektieren und (c) die Wahrnehmung des Kommunikationspartners als Individuum – als Subjekt. Alle diese Faktoren sind bei physischen Gewalthandlungen nur eingeschränkt oder gar nicht präsent.

Neben dem Bereich der körperlichen Kommunikation lässt Jakobsons Konzept weitere Aspekte unberücksichtigt: So bleibt ausgeklammert, dass auch Handlungen als Mitteilungen interpretiert werden können, die nicht als solche intendiert sind oder nicht in der Art und Weise, wie vom Agierenden beabsichtigt (z.B. bei der sogenannten "Körpersprache", die im Alltag oft unbewusst eingesetzt wird, ohne eine bestimmte Intention zu verfolgen – auf die das Gegenüber aber dennoch ebenso unbewusst/bewusst reagieren kann). Es besteht ebenfalls die Möglichkeit, dass zwei Kommunikationsteilnehmer vor dem Hintergrund unterschiedlicher Kontexte miteinander interagieren und den jeweiligen Äußerungen völlig andere Bedeutungen zumessen. In solchen Fällen lässt sich mit Sicherheit nicht gerade von einer stimmigen Interaktion sprechen, aber trotzdem werden die für einen Kommunikationsakt notwendigen Kriterien erfüllt. Schließlich werden Zeichen und Bedeutungen ausgetauscht und jeder der Beteiligten kann durchaus zu einem für sich befriedigenden Resultat gelangen.

Jakobsons Modell ist eine gute Grundlage für ein prinzipielles Verständnis kommunikativer Mechanismen. Der Ansatz von Luhmann (1998) hingegen erlaubt eine Einbeziehung der oben dargestellten Situationen:

Danach lässt sich ein kommunikativer Akt als ein mittels Zeichen gesetztes **Ereignis** begreifen, das beobachtet und unter Verwendung eines Kodes in einen spezifischen Kontext gestellt werden kann. Das heißt, es wird mit einer bestimmten Bedeutung belegt. Die kommunikative Handlung vollzieht sich unabhängig davon, ob die von Sender und Empfänger zugewiesenen Zeicheninhalte übereinstimmen oder ob ein kommunikativer **Anschluss** seitens des Senders beabsichtigt ist oder nicht.

Diese vorläufige Definition markiert gewissermaßen die Quintessenz eines komplexen und verschachtelten theoretischen Gebäudes und zeugt von Luhmanns sehr eigenwilligem Zugang zur Welt der Kommunikation.

Seine Theorie lässt sich vergleichen mit einem gigantischen Mobile, das auf verschiedenen Ebenen unendlich viele Vernetzungspunkte aufweist, die im Dunkeln liegen und nur dann aufleuchten, wenn sie aktiviert werden. Diese Punkte sind **Systeme** und das Prinzip, das sie miteinander verbindet, ist **Differenzialität**. Systeme entstehen durch **Beobachtung**. Durch Konstruktion. Es ist eine Konstruktion mit zwei Seiten: einer bezeichneten und einer nicht bezeichneten. Die Seite, die als System definiert und benannt wird, unterscheidet sich stets von einer nicht benannten, äußeren Seite, der **Umwelt**. Diese nicht bezeichnete Seite ist immer latent präsent und wird automatisch mit der Bezeichnung der anderen Seite eingeführt. Jede Differenzierung enthält also die Option auf weitere **Unterscheidungen**. Das klingt komplizierter, als es ist. Es sei an das erinnert, was zur Differenzialität sprachlicher Zeichen gesagt wurde: Ein Wort erhält seine Bedeutung erst dadurch, dass es inhaltlich von anderen Zeichenträgern unterschieden wird. Ähnlich verhält es sich bei Luhmann. Um Sinn erzeugen zu können, ist ein (gedachter) Gegenpol notwendig, von dem die Beobachtung differenziert wird. Und selbst wenn dieser nicht benannt wird, ist er doch die Grundvoraussetzung für die getroffene Unterscheidung und im Hintergrund vorhanden.

Die Differenzierung in System/Umwelt kann sowohl **selbstreferentiell** (von innen) als auch **fremdreferentiell** (von außen) vollzogen werden. Gesellschaft ist beispielsweise ein Konstrukt, welches sich durch einen internen oder externen Beobachter als **soziales** System deklarieren lässt. Definiert sich eine Gesellschaft selbst als sozialer Verband, so grenzt sie sich von einer nicht mit ihr identischen Umwelt ab und formiert ein **autopoeietisches** System, das sich selbst erzeugt (Luhmann 1991, 167 ff.; 1998/1, 16-35; 65 ff.). Das soziale System ist das Koordinatennetz, in dem Menschen als **psychische** Systeme[16] agieren – mittels **Kommunikation**.[17]

Kommunikation ist die Schnittstelle des sozialen Systems, der Mechanismus, über den sich die Gesellschaft konstituiert, strukturiert und modifiziert. Ein Kommunikationsmittel wie Sprache stellt bei Luhmann jedoch selbst kein System dar, denn es kann sich nicht selbst beobachten und beschreiben. Sprache lässt sich außerhalb ihrer selbst nicht reflektieren und über diese Eigenschaft müsste sie verfügen, um in eine innere und äußere Seite unterschieden werden zu können – in eine "sprachliche" und "nichtsprachliche" Sphäre. Demnach lässt sich lediglich das soziale System als "Kommunikationssystem" bezeichnen, weil es über verbale und nichtverbale Kommunikation bewerkstelligt wird.

Ausgangspunkt des Kommunikationsprozesses ist die **Operation**. Diese ist die kleinstmögliche Einheit eines sozialen Systems und beinhaltet ein konkretes, kontextgebundenes und zeitlich begrenztes Ereignis (z.b. Klingeln an der Haustür), an das seitens des Beobachters eine andere Operation **anschließen** kann (etwa durch das Öffnen der Tür; vgl. Luhmann 1998/1, 70 f.). Ein kommunikativer Akt umfasst im Wesentlichen folgende Kriterien: Ein psychisches System beobachtet eine Operation und leitet hieraus eine **Information** ab, über die es bisher nicht verfügte. Diese Information ist mit einer Bedeutung belegt – einer **Mitteilung**, die vom beobachtenden und differenzierenden System als solche

---

[16] Die Zuschreibung "psychisches System" ist von dem Konzept "Person" zu unterscheiden, das gemäß Luhmann kein System ist, sondern eine Ausdrucks**form**, über die sich ein psychisches System in der Gesellschaft platziert beziehungsweise von anderen dort platziert wird (1991, 170 f.).
[17] Da Kommunikation nicht ohne körperliche Wahrnehmung hergestellt werden kann, ist sie stets gekoppelt an das System "Bewusstsein" (1998/1, 103).

verstanden wird.[18] Durch die Setzung einer Information beinhaltet jede Operation die potentielle Reaktion eines außenstehenden Beobachters (sprich: eines anderen psychischen Systems). Die Sinnzuschreibung wird dadurch erleichtert, dass kommunikative Ereignisse untereinander **vernetzt** sind. Jeder Akt verweist auf einen anderen oder grenzt diesen ein, so dass sich die Teilnehmer eines Systems auf ein bestimmtes Inventar an Deutungen stützen können. Hierbei handelt es sich in der Regel um sogenannte **Schemata** und **Skripte**. Das sind formalisierte Sinnzuschreibungen, welche die Individuen einer Gesellschaft dazu befähigen sollen, ein standardisiertes Repertoire an Bedeutungen und Vorstellungen zu produzieren und es als Kommunikationsbasis zu benutzen. Die Inhalte solcher Schemata sollen zwar allen psychischen Systemen einer Gesellschaft bekannt sein, aber es gibt keine Vorgabe hinsichtlich ihrer Verwendung und Rezeption. Diese können variiert und dem jeweiligen Bedarf angeglichen werden: Falschparken lässt sich etwa als "Verstoß" oder als "alltägliche Notwendigkeit" definieren. Es bleibt dem Einzelnen überlassen, in welchem Kontext er welche dieser Zuschreibungen wählt oder sich einer dritten, noch nicht genannten, bedient (z.b. Falschparken als Ausdruck einer anarchistischen Überzeugung; siehe Luhmann 1998/1, 110 f.).

Kernstück des Luhmann'schen Kommunikationskonzepts sind die beiden Begriffe **Medium** und **Form**, welche ebenfalls zwei Seiten einer Unterscheidung markieren. Ein Medium lässt sich definieren als eine **lose Kopplung von Elementen**, welche in die **strikte Kopplung** einer Form überführt werden kann. In diesen beiden Kategorien lassen sich endlich auch Kommunikationsmittel wie

---

[18] Dies lässt sich anhand des obigen Beispiels verdeutlichen: Es klingelt an der Haustür. Die Information besteht in dem akustischen Signal, die Mitteilung in der Anwesenheit des Anderen. Das Verstehen dieser Bedeutung ist Voraussetzung dafür, dass das beobachtende System an dieses Ereignis anschließt, indem es die Tür öffnet oder das Klingeln ignoriert. Weiterhin sei angemerkt, dass es sich bei einer Mitteilung nicht zwangsläufig um eine **Botschaft** handelt. Von einer Botschaft lässt sich dann sprechen, wenn Zeichen sehr gezielt eingesetzt werden – mit der festen Intention, eine spezifische Nachricht zu vermitteln. Eine solche Situation ist zum Beispiel gegeben, wenn symbolische Zeichen bewusst gebraucht werden. Terroristische Akte implizieren oftmals eine hochsymbolische Ebene und sind Übermittlungsträger von Botschaften. Da das als feindlich definierte System nicht in seiner Gesamtheit zerschlagen werden kann, werden stellvertretend einzelne neuralgische Punkte attackiert und zerstört, die im System einen zentralen Stellenwert inne haben (vgl. etwa die Entführung und Ermordung des Arbeitgeber-Präsidenten Hans Martin Schleyer durch die RAF oder die Selbstmordanschläge islamischer Extremistengruppen).

die Sprache verorten. Sprache ist ein Medium, das in Formen – in gesprochene oder geschriebene Wörter und Sätze – differenziert werden kann.[19] Die Zuschreibungen "Medium" und "Form" sind allerdings nicht auf verbale und nonverbale Ausdrucksmittel begrenzt. Sie lassen sich vielmehr universell einsetzen. Schnee kann gleichfalls ein Medium sein, in dem sich Formen wie (Fuß-)Spuren bilden können. Formen sind letztlich nichts anderes als Unterscheidungen im jeweiligen Medium und sie können ihrerseits selbst zu Medien werden, sofern sich neue Formen in ihnen unterscheiden lassen. So kann die Spur im Schnee zu einem Medium werden, das Aufschluss gibt über ein bestimmtes Ereignis (z.B. über die vorübergehende Anwesenheit eines Menschen oder Tieres) oder die besondere Beschaffenheit des Schnees (vgl. Fuchs 1994, 23). Der wiederholte Eintritt einer Form in eine andere (bzw. einer Unterscheidung in ein bereits Unterschiedenes) wird von Luhmann als **re-entry** bezeichnet. Obwohl Medium und Form von materieller Beschaffenheit sein können, werden sie durch die fortgesetzte Differenzierung in Zeichenträger und -inhalte mehrfach mit abstrakten und repräsentierenden Zeichenebenen überlagert.[20] Diese Überlagerung eines Objekts durch die Reproduktion von Zeichen und Bedeutungen firmiert im Folgenden unter dem Begriff der **semiotischen Verdopplung**. So sind beispielsweise Statussymbole wie Automarke, Immobilien etc. semiotische Doppel ihrer Besitzer, die sich in ihrer Individualität oder als Mitglieder einer bestimmten Gruppierung über diese Gegenstände definieren.

Das sind im Groben die wesentlichen Merkmale von Luhmanns Kommunikationstheorie, die sich als hochkomplex und abstrakt erwiesen hat. Inwiefern ist sie also von Nutzen? Welche Erkenntnisse lassen sich aus ihr gewinnen, die für die weiteren Ausführungen wichtig sind? Folgende Schlüsse lassen sich aus Luhmanns Ansatz ableiten:

---

[19] Medien wie die Schrift nehmen im Kontext der kommunikativen Triade "Information, Mitteilung und Verstehen" eine Sonderstellung ein: Schriftlich fixierte Sätze (Formen) lassen sich in der Abwesenheit des Verfassers rezipieren, so dass die räumliche und zeitliche Einheit der kommunikativen Operation entkoppelt ist. Gleiches gilt zum Beispiel für bildliche Zeichen (vgl. Luhmann 1998/1, 256-267).

[20] Sobald ein beobachtendes System den Schnee als ein Symbol für Reinheit oder dergleichen betrachtet, referiert es auf ein abstraktes Konzept, das, anders als die (Fuß-)Spuren, keine Entsprechung im gegenständlichen Bereich mehr hat.

(1) Individuen (psychische Systeme) setzen Ereignisse und produzieren Zeichen.

(2) Diese lassen sich – vernetzt im sozialen System der Gesellschaft – von anderen Operationen beziehungsweise Zeichenkonstrukten unterscheiden, indem sie mit spezifischen Bedeutungen belegt werden.

(3) Ein solcher kommunikativer Prozess beinhaltet stets zwei Seiten: die Selbst- und die Fremdunterscheidung (bei Ersterer unterscheidet sich ein System introspektiv von einem anderen, bei Letzterer wird die Unterscheidung durch außenstehende Beobachter getroffen).

(4) Das soziale System, mit seinem Netz aus Schemata und Skripten, Zeichen- und Bedeutungsinventaren, steht in Wechselbeziehung zum psychischen System, zum Individuum, welches das soziale System durch sein Handeln, durch Kommunikation, erzeugt, gestaltet und sein Verhaltensrepertoire wiederum aus dem Fundus des sozialen Systems speist. Beide Instanzen sind untrennbar miteinander verbunden und bedingen einander.

Identität wird mittels sprachlicher und körperlicher Handlungen geschaffen.[21] Diese erlauben es dem Individuum, sich als Selbst zu definieren, sichtbar zu machen und mitzuteilen. Gleichzeitig sind diese Akte Zeugnisse einer schon bestehenden Persönlichkeitsstruktur, die in das individuelle Handeln mit einfließt. Agiert ein psychisches System, so hinterlässt es Spuren, die von anderen als Zeichen seiner "Identität" gedeutet und zu Erzählungen, zu zusammenhängenden Darstellungen, verwoben werden können, mittels derer das beobachtende und interpretierende System seinerseits Wirklichkeit herstellt. Die Selbstinszenierung des Einen und die Rekonstruktion des Anderen müssen nicht kongruent sein, aber sie korrespondieren miteinander. Es sind zwei Perspektiven eines Ereignisses.

---

[21] Der Begriff der Identität ist flüchtig und daher schwer einzugrenzen. Er lässt sich wohl am Ehesten definieren als Summe aller Eindrücke, die ein Individuum von sich selbst hat – in Beziehung zu Anderen sowie zum soziokulturellen Kontext, indem es lebt (vgl. Jagger 2000, 46).

3. Leibeskonturen – Der menschliche Körper in Kultur und Gesellschaft
Eine Einführung

3.1. Der Körper als soziales Medium

Ein physisches Gewaltphänomen wie Serienmord vollzieht sich nicht in einem Vakuum außerhalb der Gesellschaft. Es ist eingebettet in bestehende kulturelle, psychosoziale, politische und wirtschaftliche Strukturen. Um zu verstehen, auf welche Art und Weise Körpergewalt und soziales System miteinander verknüpft sind, ist es notwendig, sich anzuschauen, welche soziokulturellen Funktionen dem Körper generell zugeschrieben werden.

Der menschliche Körper übernimmt die zentrale Rolle bei der Ausbildung von Identität – sei es im Bereich der Wahrnehmung, der Sprachproduktion, der Sexualität oder der Bewegung. Der Körper ist Ausgangspunkt, Schaltzentrale und Instrument des menschlichen Organismus. Der Mensch lässt sich in seiner Wahrnehmung, seinem Denken und seinem Handeln nur erfassen, wenn die Körperlichkeit einbezogen wird. Shilling schreibt in *The Body and Social Theory* (1994, 9):

> It is our bodies which allow us to act, to intervene in and to alter the flow of daily life. Indeed it is impossible to have an adequate theory of human agency without taking into account the body. In a very important sense acting people are acting bodies.[22]

Da das menschliche Individuum jedoch im Zuge seines Lebens psychosoziale wie physische Entwicklungsprozesse durchläuft, ist es nicht nur ein "agierender Körper", sondern auch ein sozial geprägter Organismus. Denn die somatische und die soziale Sphäre beeinflussen sich wechselseitig. Sozialisation, soziales Umfeld, Freizeitgestaltung, Essverhalten und andere Faktoren prägen massiv das körperliche Erscheinungsbild und Befinden. Und umgekehrt haben physi-

---

[22] Nach langer Vernachlässigung der Körperlichkeit des Menschen in den Kultur- und Sozialwissenschaften gibt es darüber inzwischen eine fruchtbare Diskussion (vgl. Shilling 1994, Laqueur 1992, Scarry 1992, Lorenz 1999, Hancock et al. 2000).

sche Prädispositionen und Befunde (z.b. Allergien) Einfluss auf die gesamte menschliche Existenz – auch in sozialer und kultureller Hinsicht (ebd., 7).

Dem menschlichen Körper können verschiedene soziokulturelle Funktionsebenen zugewiesen werden:

(1) Ein Individuum kann **mittels** des Körpers handeln und kommunizieren (durch Sprechen, Schreiben, Gestikulieren, mimische Ausdrücke, Bewegungen).

(2) Es kann – **auf physischer Ebene** – **über** den Körper (a) Identität schaffen, (b) kommunizieren (durch das Tragen bestimmter Markenkleidung, durch andere Accessoires, denen es einen symbolischen Wert beimisst).

(3) Es kann – **auf sprachlicher Ebene** – **über** den Signifikanten "Körper" Wirklichkeit konstruieren, indem es ihn mit bestimmten Konnotationen belegt ("Stärke", "Verletzlichkeit", "Krankheit" etc.).

(4) Es kann **am** Körper agieren und kommunizieren (bspw. durch Sport, Essen, Tätowieren, Piercen, Verletzungen) (vgl. u.a. Stockinger 2000, 298/300).

Der Körper ist also entweder ein **Instrument**, mit dem sich das einzelne Individuum sozial konstruiert; oder er ist ein **Objekt**, über den es soziale Realitäten produziert oder ein **Medium**, in dem es spezielle soziokulturelle Formen unterscheidet. In allen drei Fällen übernimmt er eine **semiotische** Funktion. Er ist **Zeichenträger, Mittel der Zeichenproduktion** oder **Gegenstand sprachlicher (Inter-)Aktion**. Die Inhalte und Kontexte dieser körperlichen Funktionszuschreibungen können variieren (Beispiel: der ausstaffierte Körper als Projektionsfläche des Konsumenten – vgl. Jagger 2000, 45-63; der durchtrainierte, gebräunte und straffe Körper als Statusobjekt im Jugendkult; oder: Körper als Stätte der Geborgenheit und Intimität). Laut Shilling ist der Körper für viele zu einem "Projekt" sozialer "Rekonstruktion" geworden. Das heißt: Durch die Modellierung des Körpers können beispielsweise spezifische soziokulturelle Vorstellungen von Geschlecht ("Androgynität", "Mutter", "Beschützer" etc.) adaptiert, modifiziert oder verworfen werden (Shilling 1994, 5 f.). Außerdem ist zu differenzieren, ob einem (bestimmten) menschlichen Organismus unmittelbar eine symbolische Bedeutung zugeordnet wird (siehe z.b. der Starkult in der Hollywood-Filmindustrie, wo Schauspieler zu Stellvertretern spezifischer Werte stilisiert werden), oder ob die am Körper unterschiedenen Zeichen nur mittelbar das Resultat einer anderen symbolischen Handlung sind (etwa bei Verletzungen, die durch einen Sportunfall verursacht wurden – in dem Fall zielt die Selbstdarstellung in der Regel auf den Aspekt der Bewegung und des körperlichen Ausdrucks ab, nicht aber auf den der Versehrung).

Analog zu den oben skizzierten Funktionsebenen lassen sich bei soziokulturellen Prozessen fünf Grade körperlicher Involvierung unterscheiden. In Anbetracht der Tatsache, dass Bewegungsabläufe und kognitive Prozesse regulär den menschlichen Organismus in seiner Gesamtheit betreffen, handelt es sich bei diesen Kategorien um Orientierungsmarken, die eine tendenzielle Ausrichtung anzeigen und einander nicht ausschließen. Im Kern gilt jedoch folgende Regel: Je stärker die physische beziehungsweise organische Ebene einbezogen ist, desto weniger sind abstrakte, repräsentierende Zeichen zwischengeschaltet und desto größer ist die Gefahr einer körperlichen Beeinträchtigung und Verwundbarkeit (z.b. bei autoaggressivem Verhalten).[23] Die Kategorien sehen im Einzelnen wie folgt aus:

(1) Abstrakt/Indirekt
  in Form sprachlicher/bildlicher Repräsentationen
  (Ausnahme: Ikonische Zeichen wie Fotografien, die naturalistische Körper abbilden und somit einen gegenständlichen Gehalt haben.)
(2) Äußerlich/Variabel
  (a) Tragen von Kleidung, Haarschnitt u.ä.
  (b) verbale, nonverbale Kommunikation

---

[23] In der Regel birgt allerdings jeder Eingriff am oder im Körper eine potentielle Gefährdung der Gesundheit. Bei nicht sachgerechter Ausführung können auch Handlungen, die an der Körperoberfläche vorgenommen werden (Beispiel: Tätowieren), Entzündungen und andere Komplikationen mit sich bringen. Der menschliche Organismus ist ein komplexes Gebilde, dessen physiologische Komponenten zueinander in Wechselwirkung stehen, so dass äußere Verletzungen – etwa bedingt durch Blutverlust – organische Funktionsstörungen nach sich ziehen können. Die obige Kategorisierung ist deshalb primär vom semiotischen Blickwinkel her zu betrachten.

(3) Äußerlich/Reversibel

Körpermodellierung durch Sport, Steuerung des Essverhaltens etc. (Ausnahmen sind extreme Formen der Körpergestaltung wie Leistungssport, Anorexie oder Bulimie, die bleibende physische Schädigungen verursachen können.)

(4) Äußerlich/Irreversibel

Tätowierungen, Narben, Amputationen usw.

(5) Subkutan [24]

Plastische Chirurgie, Schmuckimplantate

(6) Innerlich

Implantate, künstliche Gelenke, Geschlechtsumwandlung, innere Verletzungen u.a.

Primär liegen die soziokulturellen Funktionen des menschlichen Körpers also im Bereich der Kommunikation sowie dem der Selbst- und Fremdkonstruktion von Rollen und Identitäten. Wahrnehmung und Umgang mit dem eigenen und fremden Körper sind innerhalb dieses Settings zeitlichen Wandlungsprozessen unterworfen. So ist der Körper seit Menschengedenken ein elementares Mittel kultureller und gesellschaftlicher Sinnproduktion. Das äußere Erscheinungsbild, die Geschlechtlichkeit, das Alter und andere körperlich gebundene Faktoren[25] dienen seit jeher dazu, Individualität oder Gruppenzugehörigkeit zu konstituieren und sich innerhalb des gesellschaftlichen Verbandes zu positionieren – durch das Zur-Schau-Tragen bestimmter Einstellungen, Normen und Werte (Shilling 1994, 4 ff., 72-99).[26] Mitte des 20. Jahrhunderts zeichnete sich jedoch – vor allem in westlichen Gesellschaften – ein Wandel ab, der im jetzigen Zeitalter der massenmedialen und digitalen Reproduktion von Zeichen deutlich an Kontur gewonnen hat. Im Zuge dieser Entwicklung haben sich semiotische Repräsentationen des Körpers um ein Vielfaches potenziert. Sprachliche und bildliche Zeichen können in nahezu unbegrenzter Anzahl im Bruchteil von Se-

---

[24] Subkutan: Unterhalb des Hautgewebes, aber oberhalb der Muskulatur.

[25] "Körperlich gebunden" heißt: Mittels sprachlicher Zuschreibungen soziokulturell definiert, aber auf physischen Gegebenheiten beruhend.

[26] Als Beispiel sei hier nur auf die Geschichte der Mode verwiesen, die neben dem praktischen Nutzen immer schon eine symbolische Funktion hatte (im Sinne von Status, Schichtzugehörigkeit, individuellem Ausdruck etc.).

kunden ohne räumliche Begrenzung hergestellt, verbreitet, rezipiert und reproduziert werden. In Filmen, Videos, auf Fotografien, in Texten und im Internet werden die unterschiedlichsten Körperbilder und -konzepte präsentiert. So werden männliche, weibliche, alte, junge, kranke, athletische, androgyne oder computergenerierte Körper gezeigt, die unter anderem als Schauobjekte, Monstrositäten oder Idole fungieren – als konsumierbare Schemata und Projektionsflächen. Obwohl der menschliche Körper im Gefüge des sozialen Systems allgegenwärtig zu sein scheint, bleibt er in der Flut medialer Darstellungen schemenhaft. Die semiotischen Repräsentationen des Körperlichen, die Zuschreibungen und Bilder, ersetzen den Körper in seiner organischen Substanz. Aber die massenmedial transportierten Deutungs-, Identifizierungs- und Kommunikationsmuster sind schnelllebig und von geringer Haltbarkeit. Sobald ein Individuum versucht, sich mittels eines solchen Körper-Schemas (z.B. dem des Bodybuilders oder dem des Dandys) von anderen Individuen zu unterscheiden, ist die erneute Auflösung in der Masse derer, die sich ebenfalls über dieses Schema inszenieren, vorprogrammiert. Dieser Mechanismus erfordert eine ständige Neuformierung beziehungsweise Modifizierung der eigenen Identitätsmuster (bspw. durch Adaption spezifisch kodierter Kleidungsstile, Frisuren etc.). Das Verhältnis zwischen Individuum und massenmedial übermittelten Körperschemata ist gekennzeichnet durch Instabilität und Desorientierung. Diese Situation erschwert ein Kommunizieren über den Körper – das Setzen einer individuellen Markierung über die physische Ebene. Prekär: Religion und Politik spielen als identitäts- und sinnstiftende Instanzen nur noch eine untergeordnete Rolle, so dass dem Körper als Mittel der Selbstdarstellung und -definierung eine besondere Bedeutung zukommt (vgl. ebd., 2 f.). An diesem Punkt wird die Grenze zum Bereich der physischen Gewalt überschritten: Denn eine Möglichkeit, sich deutlich von anderen abzusetzen und selbst zu konstruieren, ist die Ausübung massiver und extremer Gewalt am eigenen oder fremden Körper.[27] Serienmord ist eine solche Form der Selbstartikulierung.

---

[27] Diese These bietet auch eine eventuelle Erklärung für das, was Seltzer die "Wundkultur" nennt, nämlich für die derzeitige Omnipräsenz verletzter, sterbender und toter Körper in der Populärkultur (siehe Krankenhausserien wie "Emergency Room", Pseudo-Dokumentationsreihen wie "Autopsie" oder die täglichen Talk Shows, in denen die Gäste ihre Körper quasi permanent ausstellen bzw. diese dem Publikum vorgeführt werden) (Seltzer 1998, 21 f.). – Angesichts massenmedialer Reizüberflutung vermag nur noch der extrem exponierte Körper zu polarisieren und zu faszinieren.

3.2. Die Verletzlichkeit des Leibes – Körper und Gewalt

*"Alle Menschen sind einander gleich,
weil sie alle Körper sind. Weil sie ver-
letzbar sind, weil sie nichts mehr fürch-
ten müssen als den Schmerz im
eigenen Leibe, bedürfen sie der Verträ-
ge. Sie finden zueinander, um sich vor-
einander zu schützen."*

*Wolfgang Sofsky, Traktat über die
Gewalt (1997, 11)*

Die vorangehenden Überlegungen veranschaulichen, dass der menschliche Körper eine elementare Ressource ist, um zu kommunizieren und sich selbst zu äußern. Diese Position wird durch die Tatsache verstärkt, dass jedes Individuum einen relativ offenen Zugang zu diesem Ausdrucksmedium hat. Im Gegensatz zu identitätsbildenden Faktoren wie Beruf, Konsumgütern oder Bildung bedarf der Zugriff auf den eigenen oder fremden Körper keiner speziellen Fähigkeiten, Wissensbestände oder finanziellen Mittel (vgl. Kersten 1997a, 103). Die Ressource "Körper" ist prinzipiell frei verfügbar und modellierbar (v. Trotha 1997, 27). Und ihre Verwendung birgt die Option auf Verletzung. Die organische Beschaffenheit des Körpers, die ein unmittelbares Gestalten und Einwirken erlaubt, macht diesen zugleich verwundbar und sterblich. In der Verwundbarkeit des Leibes findet die körperliche Selbst- und Fremdinszenierung ihre natürlichen Grenzen (Shilling 1994, 8, 12). Es ist diese Verletzlichkeit, die ein gesellschaftliches Bedürfnis nach Restriktion erzeugt – nach Regelung und Sanktionierung bestimmter Manipulationen und Handlungen am menschlichen Organismus (gemeint sind hier in erster Linie Gewaltakte gegenüber dem eigenen oder fremden Körper wie Suizid, Körperverletzung, Mord etc. – siehe auch Sofsky 1997, 11 ff.). Gesellschaft und Staat legen in sozialen und rechtlichen Normen fest, welche Verhaltensweisen "normal"/"abweichend" und "legitim"/"illegitim" sind. Individuelle Gewalt gilt als widerrechtlich und wird strafrechtlich geahndet. Anders verhält es sich bei der kollektiven Gewalt, die bei

31

militärischen Auseinandersetzungen ausgeübt wird. Sie ist als legitime Kriegs-strategie definiert. Sinn und Zweck körperlicher Gewalt ist demnach eine Frage der jeweils gewählten Perspektive und der zur Verfügung stehenden Definiti-onsmacht (ebd., 12-25). Obwohl sich in den Massenmedien eine zunehmende Thematisierung des verletzten, toten (und verwesenden) Körpers beobachten lässt, zielt die Normierung menschlicher Körperlichkeit in der Regel auf eine Ausblendung der physischen Versehrtheit und Sterblichkeit ab. Alter, Tod und Krankheit sind nach wie vor tabuisiert und bleiben aus den meisten alltäglichen Lebensbereichen ausgespart (vgl. hierzu Ariès 1995, 715-770; Lindenberger/ Lüdtke 1995, 28 f.).

Diese Tabuisierung ist ein potentieller Grund dafür, dass dem Phänomen der physischen Gewalt in den Sozialwissenschaften lange Zeit kaum Beachtung geschenkt wurde. Eine unbequeme Annäherung an die eigentliche Substanz körperlicher Destruktion wurde strikt vermieden. Dass Gewalt die Zufügung von Schmerzen beziehungsweise die Zerstörung von Leben impliziert, wurde zugunsten einer 'blinden' Ursachenforschung vernachlässigt. Stattdessen wurde versucht, körperliche Gewalt durch die Zuschreibung von Ursachen zu neutrali-sieren. Diese wurden entweder in der sozialen, psychischen oder ökonomischen Situation des Täters verortet oder aber in der Art und Weise, wie Gesellschaft, Justiz und Polizei mit Individuen verfahren, die sich anders verhalten, als im sozialen und rechtlichen Regelkanon vorgesehen (vgl. v. Trotha 1997, 16 ff.). Innerhalb dieses "Ursachen-Reduktionismus" (ebd., 19) wurde der Täter nicht als ein sinnlich wahrnehmendes und agierendes Individuum gesehen, sondern als ein "entsubjektivierter" Handelnder ohne Verantwortung (ebd.).

Ein Beispiel hierfür ist der sogenannte Labeling Approach. Gemäß dieser kri-minologischen Theorie resultiert Kriminalität (und dazu zählen auch viele For-men der Körpergewalt wie Körperverletzung und Tötung) aus Etikettierungs-prozessen. Eine Handlung wird erst dadurch zum kriminellen Akt, weil sie von außen als solcher definiert wird. Oder wie Becker es formuliert: "[...] abwei-chendes Verhalten ist Verhalten, das Menschen so bezeichnen." (Becker 1973, 18) Und weiter schreibt er: "Abweichendes Verhalten ist keine Qualität, die im Verhalten selbst liegt, sondern in der Interaktion zwischen einem Menschen, der eine Handlung begeht, und Menschen, die darauf reagieren." (ebd., 20 f.) Das deckt sich im Grunde mit dem, was in den vorangehenden Kapiteln zur Erzählung, zur Semiotik und zur Kommunikation gesagt wurde. Allerdings lässt dieser Ansatz außer Acht, dass sich nicht nur die externen Beobachter einer Handlung über deren Benennung und Deutung konstituieren, sondern auch das agierende Subjekt selbst. In diesem Zusammenhang ist nicht auszuschließen, dass sich dieses ganz gezielt über eine als "abweichend" deklarierte Verhaltensweise von anderen Individuen unterscheiden will. Und schließlich ist zu bedenken, dass Gewalt die physische Interaktion zweier Menschen impliziert, bei welcher der eine Schmerz zufügt und der andere ihn erleidet. Dieser Tatbestand ist die Essenz körperlicher Gewalt und er hinterlässt – unabhängig von allen sprachlichen Bezeichnungen und Konnotationen – mehr oder minder sichtbare und interpretierbare Spuren am Körper des Opfers.

In den vergangen Jahren hat in den Sozial- und Kulturwissenschaften ein Umdenkprozess eingesetzt. Verfasser wie Katz (1988), Scarry (1992), Popitz (1992), Sofsky (1997) und von Trotha (1997) haben das Forschungsinteresse vermehrt auf den physischen Aspekt gewalttätiger Handlungen gelenkt. Unter Verwendung verschiedener Blickwinkel und Herangehensweisen hinterfragen sie in ihren Beiträgen, was geschieht, wenn körperliche Gewalt ausgeübt wird. Während Scarry den Schmerz empfindenden, also Gewalt erleidenden, Körper thematisiert, analysiert Popitz die Rolle der Macht bei Gewaltakten. Im Grunde gehen beide vom gleichen Postulat psychosomatischer Desintegration aus: Der Mensch formiert eine untrennbare Einheit aus Soma und Psyche. Wird der Körper angegriffen, so ist das gesamte Individuum betroffen und umgekehrt. Der durch die Gewalteinwirkung ausgelöste Schmerz reduziert den menschlichen Organismus auf die physische Ebene und entsetzt ihn der Möglichkeit, sich als psychisches System sprachlich zu artikulieren. Das Selbst ist gefangen im schmerzenden Körper (vgl. Scarry 1992, 49 f.). Dieses Zurückgeworfensein auf reine Körperlichkeit – auf das Erleben von Schmerz – lässt sich ungeachtet des eventuell noch vorhandenen Handlungsspielraums als eine Form der Ohnmacht interpretieren, während sich die Ausübung von Gewalt, die gewaltsame Begrenzung eines anderen Individuums als Versuch einer Machtdemonstration deuten lässt (Popitz 1992, 45 f.). Katz hingegen begreift Gewalt als ein körperlich erfahrbares, sinnliches Erlebnis. Das ist ein bemerkenswerter Gedanke. Allerdings fokussiert Katz die Tathandlung als ein isoliertes Ereignis und setzt sie – im Gegensatz zu Canter – nicht in Beziehung zur jeweiligen Persönlichkeitsstruktur des Täters. Stattdessen legt er den Schwerpunkt auf situative Faktoren – auf die "Verführung durch den Moment" (siehe Katz 1988, 4 ff.; Canter 1995). Aber dieser Ansatz vermag nicht ausreichend zu klären, warum sich einige Individuen (unter Verwendung gängiger Vorstellungen und Planungskonzepte) in bestimmten Situationen zu Gewaltakten "verführen" lassen und andere nicht. Katz' Standpunkt bildet gewissermaßen die Antipode zu den Kausalitätstheorien. Eine derartige Polarisierung ist gut, um festgefahrene Strukturen aufzubrechen, doch aus erkenntnistheoretischer Sicht bedarf es eines Modells, das sowohl die Tatsituation als auch den Tathintergrund berücksichtigt. Die Thesen von Popitz und Scarry finden sich bei Sofsky und von Trotha wieder[28], die sich dem Phänomen physischer Gewalt in seiner Gesamtheit widmen – bei Ersterem in Form eines Essay-Bandes, bei Letzterem in Gestalt einer methodisch-strukturierten Übersicht.

Kerstens Konzept der geschlechtlichen Selbstbewerkstelligung ist ein zentrales Bindeglied in der Betrachtung serieller Tötungen als Selbstäußerungen und -darstellungen (Kersten 1997a/b). Dieser Ansatz gehört nicht unmittelbar in die Reihe der oben angeführten körperorientierten sozialwissenschaftlichen Gewalttheorien, aber er korrespondiert insofern mit ihnen, als er den Täter als ein eigenverantwortlich handelndes Subjekt definiert. Gemäß Kersten fungieren Gewalthandlungen als Mittel zur soziokulturellen Konstruktion von Geschlecht. Über den Einsatz körperlicher Gewalt werden Vorstellungen von "Männlichkeit" und "Weiblichkeit" adaptiert und umgesetzt, welche in der Sozialisation und durch die Medien erworben wurden (vgl. Filme wie "Stirb Langsam" oder "Terminator"). Kersten deklariert dieses Verhalten als Versuch, Bestandteil einer hegemonialen Männlichkeit zu werden, die ihre soziale Dominanz über ihren beruflichen, finanziellen, familiären und politischen Status konstituiert. Da die betreffenden Individuen nicht über diese Ressourcen verfügen, nutzen sie

---

[28] Siehe Sofsky 1997, 66 f., 85-102; von Trotha 1997, 28 ff.
Der von Katz erörterte Aspekt der Sinnlichkeit wird auch von Sofsky und von Trotha aufgegriffen – allerdings ohne namentliche Nennung von Katz, so dass sich kein direkter Bezug herstellen lässt (vgl. Sofsky, ebd., 58; v. Trotha, ebd., 26).

solche, die frei zugänglich sind und unabhängig vom Grad der Bildung, der finanziellen und sozialen Situation verwendet werden können (ebd.). Wie bereits erwähnt wurde, ist der menschliche Körper eine solche Ressource und dementsprechend lässt sich Gewalttätigkeit, ähnlich wie bei Popitz, als eine Möglichkeit betrachten, Macht zu erlangen. Obwohl sich Kersten in seiner Theorie auf die geschlechtliche Bewerkstelligung von Jugendlichen der Unterschichten beschränkt, bietet sein Konzept doch wertvolle Ansatzpunkte für die folgende Analyse serieller Tötungen, denn er interpretiert Gewaltakte als eine Form der symbolischen und ressourcegeleiteten Selbstkonstruktion und Selbstunterscheidung, die wesentlich auf soziokulturellen Vorstellungen und Fantasien basiert. Darüber hinaus erlaubt Kerstens Begriff der Selbstbewerkstelligung eine Einbeziehung des Wechselspiels zwischen bewussten und unbewussten Handlungsabläufen, weil er bezüglich der Intentionalität neutraler konnotiert ist als der Terminus der Selbstinszenierung oder Selbstdarstellung.

All diese Ansätze sind einzelne Fährten, die ins Dickicht der Gewaltanalyse führen beziehungsweise aus ihr hervorgehen. Aber welche Koordinaten sind notwendig, um sich dort zurechtzufinden und aus den einzelnen Strängen ein Gesamtbild zusammenzufügen. Mit anderen Worten: Wenn die Frage nach den Ursachen für Gewalt nicht ausreicht, um diese zu beschreiben, welche Fragestellungen sind dann notwendig, um ihre Charakteristiken zu erfassen? Um zu verstehen, was bei einem Gewaltphänomen wie Serienmord geschieht und was dieses von anderen Gewalttypen unterscheidet? Im Folgenden wird ein Konzept zur Beschreibung und Analyse körperlicher Gewalt entworfen, das im weiteren Verlauf des Buches als Orientierung dienen soll (vgl. auch v. Trotha 1997, 21 ff.). Aber: Es ist ein virtuelles 'Spiel' mit Variablen, die je nach Plausibilität und Erkenntnislage unterschiedliche Gewichtung erlangen und sich mitunter nicht eindeutig zuweisen lassen. Und es sind Zuschreibungen aus der Perspektive eines außenstehenden Beobachters. Das heißt, sie müssen nicht mit den Denk- und Deutungsmustern des gewaltausübenden Individuums übereinstimmen (so lässt sich ein Messer psychoanalytisch als phallisches Symbol interpretieren, aber tatsächlich kann der Gebrauch dieser Waffe das Ergebnis zufälliger Verfügbarkeit sein – und umgekehrt). Das hier vorgestellte Konzept basiert maßgeblich auf rechtsmedizinischen und kriminalistischen Erkenntnissen.[29] Die Rechtsmedizin markiert einen primären Zugang zum Untersuchungsgegenstand der körperlichen Gewalt. Sie beinhaltet unter anderem die genaue Beschreibung, Untersuchung und Klassifizierung von Verletzungsmustern und anderen morphologischen Veränderungen und liefert somit detaillierte Bestandsaufnahmen der Einwirkungen physischer Gewalt. Diese Befunderhebungen bilden die fundamentale Grundlage für die Rekonstruktion und Analyse der Struktur von körperlichen Gewaltakten, weshalb sie im Rahmen dieses Ansatzes eine besondere Berücksichtigung finden.

---

[29] Vergleiche Püschel/Schröer 2001, 213-255; Krause et al. 1998, Canter 2003, Ressler et al. 1995, 217-230 (VICAP Crime Analysis Report); Turvey 1999, 57-104.

Skizzierung eines multifaktoriellen und mehrdimensionalen Konzepts physischer Gewalt:

(1) DEFINITION – Was passiert bei einem körperlichen Gewaltakt?

Eine physische Gewalthandlung impliziert ein intendiertes und gewaltsames Einwirken auf den eigenen oder fremden Körper – unter Auslösung spezifischer physischer Reaktionen und Traumatisierungen (u.a. Schmerzen, Blutungen, Blutergüsse, Abschürfungen, Schnitt-/Stichwunden, organische Verletzungen – bis hin zum Eintritt des Todes).[30]

(2) STRUKTUR – Welche Faktoren wirken bei physischen Gewalthandlungen zusammen?

In der Regel handelt es sich bei gewalttätigen (Inter-)Aktionen um dynamische Prozesse, bei denen verschiedene Faktoren zusammenkommen und einander beeinflussen:

---

[30] Korrelierend mit psychischen Folgen (Angstzustände etc.), welche der subjektiven Wahrnehmung des Opfers entsprechen. Unabhängig von 'objektiv' erhobenen Tatbeständen werden Gewalterfahrungen von den Betroffenen sehr unterschiedlich bewertet, verarbeitet und zum realen Bestandteil der eigenen Lebenswelt.

I. ANZAHL DER BETEILIGTEN UND INVOLVIERTEN INDIVIDUEN	
II. FORM DER GEWALTEINWIRKUNG:	⇨ mittels des eigenen Körpers ⇨ unter Zuhilfenahme eines Hilfsmittels (oder mehrerer) (Instrumente, Substanzen, Messer, Axt, toxische oder ätzende Substanzen, Schlagstock, Schusswaffen etc.)

III. BEWEGUNGSRICHTUNG[31]:

AN DER KÖRPEROBERFLÄCHE (äußerlich **auf** den Körper einwirken)	⇔	IN DAS KÖRPERINNERE (von außen **in** den Körper eindringen)
DEFORMIERUNG		**INTRUSION (Eindringen)**
↳ stumpfe Gewalt (Schläge, Tritte etc.)		↳ scharfe Gewalt (Messerstiche, Schnitte u.ä.)
↳ Ersticken/Erwürgen/Erdrosseln		↳ Schusswaffen
		↳ Sexuelle Gewalt: Vergewaltigung

↳ **Mischformen:**

Halbscharfe Gewalt (z.B. Axthiebe),
Verstümmelung durch Bisse etc.

ZERGLIEDERUNG/ENTKÖRPERUNG[32]
Verbrennung, Abtrennung von Körpergliedern, Häutung u.a.

---

[31] Dieser Begriff bezieht sich allein auf die körperliche Ausrichtung. Er sagt nichts über die Schwere der Gewalteinwirkung aus. Würgemale können beispielsweise auch bei tödlichem Verlauf sehr diskret, also schwach, ausgeprägt sein. Einige oberflächliche Einwirkungen wie das Ersticken mit einem Kissen hinterlassen kaum sichtbare Spuren. Die Wirkung eines Gewalteingriffs hängt in der Regel davon ab, welche lebenswichtigen Funktionen – welche Körperregionen – durch die gewalttätige Handlung betroffen sind.
[32] Diese Formen der Gewalt unterscheiden sich von den anderen Kategorien dadurch, dass sie komplexe und multiple physische Traumatisierungen verursachen (können), die einer massiven bis nahezu kompletten Aufhebung der organischen Körperlichkeit gleichkommen.

IV. GRAD DER GEWALTEINWIRKUNG
(Schwere der körperlichen Traumatisierung)

V. DAUER/ZEITLICHE KONTINUITÄT DER GEWALTEINWIRKUNG:	1. SINGULÄR (innerhalb einer bestimmten Zeitspanne) 2. PLURAL (mehrfache, periodisch ausgeführte, Gewalthandlungen an einzelnen oder mehreren Opfern in einem einheitlichen zeitlichen und situativen Kontext)

VI. BETROFFENE KÖRPERREGION(EN):	Kopf Hals Rumpf Geschlechtsorgane Extremitäten
VII. VERLETZUNGSMUSTER	z.B.: Anordnung, Ausmaß und Tiefe von Schnittwunden, Verstümmelungen, Amputationen, Organentnahme, Schusskanal (Eintritts-/ Austrittswunde), Widerstands-, Fixierungsverletzungen, Brandwunden
VIII. KÖRPERDISTANZ (Nähe – Ferne)	Distanz ist abhängig von drei Faktoren: 1. Zugriffsmöglichkeit auf Opfer 2. Tatsituation: Unterschiedliche Distanzräume durch körperliche Interaktion; spontane oder geplante Gewalthandlung 3. Verfügbarkeit/Wahl einer bestimmten Waffe

41

IX. ZIELRICHTUNG/FUNKTION DER GEWALT[33]:

1. EBENE *(körperlich)*	Restriktion Versehrung Zufügung von Schmerz Tötung
2. EBENE *(direkt funktional)*	Kontrollierung Unterwerfung/Erniedrigung/Demütigung Ausleben von Körperlichkeit/Sexualität Destruktion Auslöschung

---

[33] Achtung: Gewalttätige Übergriffe, die nur auf eine Verletzung des Anderen abzielen, können mitunter tödliche Folgen haben (und umgekehrt). Auch hier ist jeder Fall für sich zu analysieren. Für alle drei Funktionsebenen gilt das Prinzip der Kontextgebundenheit. Die 2. und 3. Ebene entsprechen nicht der unmittelbaren Zielrichtung (Verletzung, Tod des Anderen – siehe oben). Sie umfassen Funktionszuweisungen, die gewissermaßen hinter der reinen Ereignisstruktur verborgen sind, wobei sich die 2. Ebene mehr oder minder direkt aus dem Geschehen ableiten lässt. Die Rekonstruktion der 3. Ebene, also die Erschließung des Sinns oder Motivs eines Gewaltaktes, verlangt ein größeres Abstraktions- und Interpretationsvermögen und bleibt oftmals im Bereich des Spekulativen.

3. EBENE *(indirekt funktional)* (symbolisch/motivatorisch)	Rache/Vergeltung Hass Ökonomischer Nutzen Suche nach Intimität Selbstverwirklichung Veränderung bestehender Machtverhältnisse (im ökonomischen, persönlichen, politischen oder sozialen Bereich) Verdeckung eines anderen Tatbestands etc.

X. FORMEN GEWALTBEDINGTER DESINTEGRATION
(Reaktionsmuster während/nach der Gewalteinwirkung)

1. Desintegration des psychischen Systems	2. Desintegration des sozialen Systems	3. Desintegration des politischen Systems
- obligatorisches Merkmal aufgrund der Kopplung von Soma und Psyche - beinhaltet u.a. eine Schädigung/Aufhebung der sozialen/geschlechtlichen Identität, Privatsphäre, Emotionen und Bedürfnisse (z.B. dem nach Sicherheit u. Unversehrtheit).	z.B. bei individuell ausgeführten Mehrfachtötungen (Serienmord, persönlich motivierte Attentate usw.)	z.B. bei politisch motivierten Anschlägen
Sekundär: Involvierung der sozialen/politischen Ebene	*Primär/Sekundär: Involvierung der psychischen (politischen) Ebene*	*Sekundär/Funktional: Involvierung der psychischen/sozialen Ebene*

(3) KONTEXT – In welchen Rahmen ist der physische Gewaltakt eingebettet?

I. SITUATIVER KONTEXT:

1. Verhältnis zwischen den Akteuren bzw. zwischen Täter und Opfer (Zufallsbegegnung, Bekanntschaft, Arbeitsverhältnis, Partnerbeziehung, interfamiliär usw.)

2. Auslösendes Moment (introspektiv: Assoziationen/Fantasien des Täters usw./extrospektiv: verbaler Konflikt u.a.)

3. Psychische und physische Konstitution von Täter und Opfer

4. Verfügbarkeit von Waffen

5. Verbales und nonverbales Verhalten seitens Täter und Opfer (dynamische Bewegungsabläufe: etwa Angriffs- und Abwehrverhalten, Fixierung, verbale Schlichtungsstrategien, Provokationen, Drohungen, usw.)

6. Intervention durch Dritte (Zeugen, Polizei u.a.)

II. SETTING/LEBENSWELT:

1. SELBSTBEWERKSTELLIGUNG

Über die ökonomische Ebene	Über die Individualebene	Über die Gruppenebene	Über die Beziehungsebene
Beispiel: Eigentumsdelikte in Tateinheit mit körperlicher Gewalt	Beispiele: serielle Vergewaltigungen/ Tötungen, sich singulär entladende Gewaltexzesse[34], Suizid	Beispiele: Organisierte Kriminalität, Extremismus, Satanismus, Terrorismus	Beispiele: Häusliche Gewalt, Partnertötungen

2. BEWERKSTELLIGUNG POLITISCHER SOUVERÄNITÄT UND HEGEMONIALITÄT

(Folter, Attentate, Exekutionen, Massaker, Militärische Konflikte usw.)

ACHTUNG: Überschneidungen sind möglich. So kann eine im politischen Kontext verankerte Folterung/Tötung individuelle Bedürfnisse befriedigen (z.B. den Wunsch, Andere zu erniedrigen oder zu töten). Das gilt sowohl für

---

[34] Dies ist eine vorläufige Bezeichnung für das, was gemeinhin unter dem vagen und massenmedial verzehrten Begriff des Amoklaufs firmiert, der in den Medien auch gerne mit dem Terminus "Massenmord" variiert wird, was angesichts unzähliger politischer Massaker und Massentötungen mit Hunderten, Tausenden und Millionen von Opfern mehr als unangemessen ist.

Angehörige staatlicher Institutionen (Militär, Geheimdienst, Polizei) als auch für Mitglieder illegitimer Gruppen aus dem terroristischen oder extremistischen Feld.

III. PSYCHOSOZIOKULTURELLER KONTEXT:

1. Gesellschaftliche wie individuelle Definitionen und Konstruktionen von "Körper", "Geschlecht", "Gewalt" und "Identität"

2. Physische Kommunikations- und Selbstdarstellungsmodi[35]
   (a) normkonform (Sport, Diät, Tätowieren usw.)
   (b) abweichend (nicht staatlich legitimierte Gewalt am eigenen oder fremden Körper)

3. Repertoire an körperlichen und nichtkörperlichen Zeichenkodes (Sprache, Gestik, Mimik etc.)

4. Kulturell geprägte Gewaltfantasien, -vorstellungen und -symbole

5. Sozialisationsbedingte, erlernte und individuell modifizierte Denk-, Verhaltens- und Kommunikationsmuster

---

[35] Akzeptanz/Ausgrenzung eines Inszenierungs- und Kommunikationsmodus ist abhängig von der jeweiligen individuellen Situierung/Verortung innerhalb einer sozialen Gruppierung bzw. innerhalb der Gesellschaft und vom Grad der Umsetzung.

In diesem Konzept wurden wesentliche Koordinaten im Netz physischer Gewaltstrukturen skizziert. Sie alle markieren bereits Selektionen, Deutungen und Zuschreibungen. Gleichzeitig sind sie die Voraussetzung, um weitere Unterscheidungen zu treffen hinsichtlich der Bedeutung und des Mitteilungscharakters einer Gewalthandlung. Um eine Vorstellung davon zu bekommen, welcher Sinn einer Tat immanent sein kann, bedarf es möglichst vieler und umfassender Informationen. Der unter 2.V angeführte Punkt "Dauer einer Gewalthandlung" kann ein Indiz für den Stellenwert sein, den der gewalttätige Akt für das Gewalt zufügende Individuum hat. Je länger die Zeitspanne ist, die er umfasst, desto naheliegender ist die Schlussfolgerung, dass die Ausübung der Gewalt eine intensive Erfahrung darstellt – sei es aufgrund unerwarteter Komplikationen oder aufgrund einer gewalttätig gelebten und ausgekosteten Sinnlichkeit. Eine solche Mutmaßung lässt sich jedoch nur durch das Aufdecken weiterer Mosaikteile erhärten oder widerlegen (bspw. durch die Verwendung eines spezifischen Waffentypus). Die Lokalisierung und morphologische Beschreibung der Verletzungen geben möglichen Aufschluss darüber, ob eine Tötung intendiert war oder nicht. Ebenso die Identifizierung der Verletzungsursache. Schläge in der Kopfregion können ein Hinweis auf die Zielsetzung einer massiven Verletzung sein, aber dieser Schluss ist nicht zwangsläufig richtig. Die zielgerichtete Verwundung lebenserhaltender Organe wie Gehirn, Herz oder Lunge ist ein relativ sicherer Indikator für eine Tötungsabsicht. Die Struktur einer Gewalthandlung entlarvt sich quasi selbst – durch die Perspektive des Beobachters: In dem Maße, in dem dieser ein Bild von dem Kontext und der eventuellen Funktion des Gewaltaktes konzipiert, nähert er sich den Fragen, die von Trotha exemplarisch in seinem Artikel formuliert (siehe v. Trotha 1997, 21):

- "Welche Art von sozialer Beziehung stellt das gewalttätige Handeln her?"

- "Was wird bei der Ausübung von Gewalt verletzt, wobei die Körperlichkeit der Verletzung wiederum der zentrale Ausgangspunkt sein muß?"

- "Was ist die Verständlichkeit der Gewalt, die, wie jedes menschliche Verstehen, zwar nicht kulturunabhängig ist, aber eine solche Evidenz enthält, daß Menschen allerorten und aller Zeit keine Mühe haben, die Zeichen der Gewalt zu erkennen?"

... die Antwort auf die dritte Frage liegt in der organischen Natur des Menschen begründet. Wenngleich es medizinische Phänomene wie den sogenannten "Phantomschmerz"[36] gibt und Schmerz subjektiv empfunden wird, ist er doch ein unmittelbares und direktes Zeichen physischer Gewalt, das für den, der ihn erleidet, ohne jede Sprache verständlich ist und sich allein über neuronale Impulse vermittelt. Frage 1 und 2 stehen zueinander in Relation. Schließlich wird im Falle einer körperlichen Gewaltanwendung eine Beziehung hergestellt, indem ein menschlicher Organismus verletzt wird – physisch und seelisch. Das Gewalt ausübende Individuum verleiht sich Bedeutung, indem es sie einem anderen raubt beziehungsweise aufzwingt (vgl. Sieferle 1998, 25 f.). Diese beiden Fragen kommen der Problematik des Sinns und Gehalts einer Gewalthandlung schon sehr nahe, denn sie basieren auf dem Prinzip der Unterscheidung: Mittels der Gewalteinwirkung erfolgt die Differenzierung vom Anderen, die Verortung im sozialen System – in Relation zu anderen teilnehmenden psychischen Systemen. Körperliche Gewalt ist im wörtlichen Sinne gleichbedeutend mit "Definitionsgewalt": Vor dem Hintergrund unterschiedlicher Szenarien und Mittel erlaubt sie die Festlegung und Besetzung physischer, psychischer, soziokultureller, politischer und ökonomischer Sphären. Der Einsatz von Schlägen und Tritten kann bei körperlichen Auseinandersetzungen dazu dienen, die eigene "Männlichkeit" zu bekräftigen, zu verteidigen oder wiederherzustellen. Ein persönlich motiviertes Attentat kann ein gezielter Racheakt an bestimmten Personen sein, vom Bedürfnis nach eigener Sichtbarkeit getragen sein und/oder Hass auf die Gesellschaft und ihre Werte und Normen ausdrücken.

Doch die gewaltsame Selbstentfaltung des Einen vollzieht sich über die Begrenzung des Anderen (oder über die Grenzziehung am eigenen Körper). Die Ausübung körperlicher Gewalt bedeutet, ein anderes menschliches Individuum in seiner Selbstäußerung und Selbstbewerkstelligung einzugrenzen, zu lenken

---

[36] Phantomschmerzen sind ein neurologisches Phänomen. Sie treten bei Patienten auf, bei denen eine Amputation vorgenommen wurde oder die im Zuge eines Unfalls ein Körperteil verloren haben. Diese Patienten berichten von Schmerzempfindungen 'im fehlenden Glied' (siehe Sacks 1990, 97-102).

oder diese auszuschalten. Jemanden durch Gewalteinwirkung auf seine Körperlichkeit zu reduzieren, ist Ausdruck einer absoluten und destruktiven Macht. Absolut deshalb, weil die Unterscheidung direkt am menschlichen Körper vorgenommen wird – ohne Zwischenschaltung abstrakter sprachlicher oder bildlicher Zeichen. Und das betroffene Individuum kann je nach Grad der zugefügten Gewalt nur ebenso unvermittelt reagieren – über seinen Körper (siehe auch Scarry 1992, 43-90; Sofsky 1997, 94 ff.; v. Trotha 1997, 28 ff.). Der Gewalt ausübende und der Gewalt erleidende Organismus ist auf unmittelbarerer Ebene Zeichenproduzent und Zeichenträger. Sein jeweiliges Handeln spiegelt sich am eigenen und fremden Körper. Dies ist, noch einmal zusammengefasst, der wesentliche Kern physischer Gewalt, der unabhängig von der jeweiligen Situation und Motivation Bestandteil jedes Gewaltaktes ist.[37]

Im Rahmen dieses Buches lässt sich physische Gewalt als ein allgemeines Phänomen nicht erschöpfend behandeln. Die vorhergehenden Überlegungen sollten den Focus auf die Körperlichkeit der Gewalt lenken, zeigen, welche Faktoren damit einhergehen (Schmerz und Verletzung bzw. Tötung) und anhand eines Konzepts verdeutlichen, welche Kriterien bei der Analyse von Gewalt primär zu berücksichtigen sind. Dieses Konzept enthält sowohl Faktoren, welche die physische Ebene von Gewalthandlungen betreffen (z.B. Form, Grad, Dauer oder Lokalisierung der Gewalteinwirkung), als auch solche, welche die Bedeutungs- und Kontextebene berühren (bspw. Funktion, Motivation oder Tatsituation). Es erhebt keineswegs den Anspruch auf Vollständigkeit und lässt sich mit Sicherheit erweitern. Aber es veranschaulicht zentrale Merkmale und Zusammenhänge. In dieser Eigenschaft stellt es eine gute und ausbaufähige Grundlage für das sehr spezielle und extreme Phänomen serieller Tötungen dar, das Gegenstand der folgenden Kapitel ist.

---

[37] Von Trotha bezeichnet den physischen Aspekt der Gewalt ("Verletzen" und "Leid") auch als "unverzichtbare[n] Referenzpunkt aller Gewaltanalyse[n]" (v. Trotha 1997, 26).

4. *BODYCOUNT* – Einige wichtige Vorüberlegungen zum Thema "Serienmord"

4.1. Einleitung

Wodurch unterscheiden sich "Serienmorde" von anderen Tötungsdelikten? Welche spezifischen Merkmale zeichnen sie aus? Im Spektrum des gegenwärtigen Diskurses lassen sich sechs zentrale Aspekte lokalisieren[38]:

1. Extremes Destruktionspotential

Das Moment der Zerstörung ist im Grunde jeder Tötung immanent – gleichgültig, ob sie ein singuläres Ereignis darstellt oder Bestandteil eines multiplen Szenarios ist. Die Selbst- oder Fremdtötung ist in ihrer Finalität die massivste Form der Gewalteinwirkung. Sie repräsentiert die höchste Stufe menschlicher Machtausübung und markiert gleichzeitig eine Grenzüberschreitung hin zu einer anderen Ebene. Denn eine Tötung impliziert außer der Bewerkstelligung von Macht die Destruktion und Auslöschung eines Organismus. Das ist der bedeutende qualitative Unterschied zwischen dem Akt des Verletzens und dem des Tötens. Durch die Zufügung von Verletzungen beziehungsweise Schmerzen wird in der Regel ein Machtverhältnis hergestellt, aber dieser Operationsmodus intendiert nicht zwangsläufig die Vernichtung von Leben. Im Gegenteil: Der Tod des Anderen hätte in vielen Fällen das Ende des eigenen Machtszenarios zur Folge, weil es sich aus der körperlichen und sprachlichen Interaktion mit dem lebenden Gegenüber speist (z.B. im Falle interfamiliärer Gewalt).[39] Anders verhält es sich bei der gezielten Tötung eines Individuums. Hier dient die Gewaltausübung nicht nur der Unterscheidung, der Erlangung von Macht, sondern der Zerstörung eines Lebewesens. Das ist physische Gewalt in ihrer negierendsten und existentiellsten Form. Bei Serienmorden verstärkt sich dieses Destruktionspotential um ein Vielfaches, weil sich die betreffenden Täter über einen gewissen Zeitraum

---

[38] Verwendete Literatur: Bourgoin 1995, Canter 1994, Farin/Schmid 1996, Leyton 2000, Marneros 1997, Masters 1995, Meierding 1993, Musolff/Hoffmann 2001, Ressler et al. 1995, Seltzer 1998, Turvey 1999.

[39] Eine tödliche Eskalation der Gewalt ist deshalb allerdings nicht ausgeschlossen.

fortgesetzt über Tötungshandlungen bewerkstelligen[40] (und mitunter mit den toten, sich auflösenden Körpern physisch interagieren – Canter 1994, 313).

2. Wiederholtes Töten

Dieser Aspekt wurde im vorangehenden Abschnitt schon genannt. In "Serie" zu morden, heißt, in bestimmten Zeitabständen mehrmals zu töten – bis dieser Tötungszyklus aufgrund einer Verhaftung, Erkrankung oder anderer Faktoren unterbrochen oder beendet wird. Die "Serialität" ist eine wichtige dynamische Komponente dieser Variante des persönlich motivierten Mehrfachmordes. Sie kann einerseits eine verstärkende oder korrigierende Wirkung auf den vom Täter konzipierten Tatablauf haben und andererseits wertvolle Ansatzpunkte für die Arbeit der Ermittler und Kriminalpsychologen liefern. Denn je häufiger ein bestimmtes Tatmerkmal innerhalb einer Tötungsserie auftritt (z.B. eine spezifische Art der Fesselung, Verstümmelung oder Tötung), desto mehr Bedeutung kann ihm beigemessen werden. Die unterschiedlichen Serienmord-Definitionen konstituieren sich in der Regel über die Festlegung einer spezifischen Anzahl von Tötungen, die gegeben sein muss, damit das Kriterium einer Serie erfüllt ist. Canter geht, ähnlich wie Egger, von mindestens zwei Morden aus, während das FBI und Hickey jeweils drei und mehr Tötungen als maßgeblich erachten (vgl. Leyton 2001, *xvi* f.). Diese numerisch orientierte Kategorisierung basiert auf der Annahme, dass sich das Wiederholungspotential und die speziellen Tatmerkmale einer Serie erst ab einer gewissen Anzahl von Morden absehen lassen. Doch wie verhält es sich im folgenden Fall, der sich im Jahr 1999 in Norddeutschland ereignet hat: Ein Mann meldete sich als Interessent auf die Annonce einer Frau, die ihr Brautkleid verkaufen wollte. Er tötete sie, versteckte ihre Leiche im Unterholz, entsorgte das Kleid im Altkleidercontainer und behielt den Brautschmuck, welchen die Polizei später bei ihm vorfand. Weitere Morde konnten ihm nicht nachgewiesen werden (siehe Cuxhavener Nachrichten vom 31.05 1999). Aber diese einzelne Tötung weist in ihren Merkmalen Parallelen zu bisherigen Serienmorden auf: keine Vorbeziehung zum Opfer, Mitnahme von Gegenständen aus dem Besitz des Opfers (Brautschmuck), kein rationales Motiv erkennbar usw. Handelt es sich bei diesem Mord um die erste Episode ("Pilot")

---

[40] Inwieweit diese Aussage gleichfalls auf andere Formen des Tötens zutrifft, wird im Kapitel 4.2. "Abgrenzung zu anderen gewalttätigen Lebensszenarien" reflektiert.

einer nicht fortgesetzten (bzw. nicht belegbaren) Serie? Eine solche Schlussfolgerung ist denkbar. Im juristischen Kontext spiegelt sie sich indirekt in den psychologischen und psychiatrischen Gutachten wider, in denen unter anderem Aussagen zum Gefährlichkeits- und Destruktionspotential eines Täters getroffen werden. Mit anderen Worten: Es wird prognostiziert, wie groß die Gefahr ist, dass ein Täter erneut – in Serie – tötet (Marneros 1997, 56-93; Ullrich/Marneros 2001, 276 f.)

3. Intrapsychische Motivation

In der Regel lassen sich Serienmorde nicht mittels herkömmlicher Tatmotive wie "Habgier", "Eifersucht" und "Rache" erklären. Und anders als bei Tötungen, die im Kontext der Organisierten Kriminalität oder des (politischen) Extremismus begangen werden, sind die Morde von Serientätern nicht in den Regel- und Normkanon einer bestimmten Gruppierung eingebunden. Die Handlungsmotivationen von Serienmördern resultieren, wie bei anderen Menschen auch, aus dem Wechselspiel von psychischen und sozialen Prozessen, aber sie entspringen Bedürfnissen und Vorstellungswelten, die sich aufgrund der Spuren- und Befundlage nicht unmittelbar erschließen lassen (siehe Ressler et al. 1995, 69-97; Turvey 1999, 169-182). Serienmorde können durchaus mit Tatmerkmalen einhergehen, die sich auch bei anderen Tötungsdelikten wie dem sogenannten "Raubmord" usw. beobachten lassen (z.B.: Entwendung von Geld und Wertgegenständen). Aber derartige Merkmale lassen nicht zwangsläufig auf ein 'klassisches' Motiv wie finanzielle Bereicherung schließen. Sie können für den Täter ebenso eine persönliche Funktion erfüllen (bspw. als Andenken, Ausdruck einer totalen Bemächtigung u.a.). Ein entscheidender Indikator, der mögliche Rückschlüsse auf die intrapsychische Motivation eines Täters zulässt, sind Tatelemente, welche das Maß der 'reinen' Tatausführung übersteigen (Verstümmelung der Genitalien etc.).[41] Wertvolle Hinweise liefert auch die Form der Täter-Opfer-Beziehung, welche in dieser Aufstellung gesondert als nächster Punkt geführt wird. Das Fehlen einer Vorbeziehung zwischen Täter und Opfer impliziert einen

---

[41] Diese Tatsegmente werden in den gängigen Verfahren der Tatortanalyse ("Profiling", "Operative Fallanalyse" etc.) häufig als "Handschrift" oder "Signatur" bezeichnet, weil sie nicht Bestandteil der praktischen Tatumsetzung sind, sondern spezifische Aspekte der Täterpersönlichkeit (etwa bestimmte Bedürfnisse und Fantasien) widerspiegeln, die über die Morde realisiert werden (vgl. Hoffmann 2001b, 315).

anderen Motivationsrahmen als Tötungen im sozialen Nahraum. Vor allem stellt diese Konstellation andere Anforderungen an die polizeilichen Ermittler. Die scheinbare Willkürlichkeit und Beziehungslosigkeit bei er Opferauswahl hat maßgeblich zur kriminalistisch-kriminologischen Konstruktion des Serienmord-Begriffs mit beigetragen (Musolff 2001a, 12).

4. Täter-Opfer-Beziehung

De facto sind die Beziehungsverhältnisse zwischen Täter und Opfer bei Serienmorden sehr viel komplexer und variantenreicher, als gemeinhin angenommen. Das englische Ehepaar Frederick und Rosemarie West vergewaltigte, quälte und tötete sowohl eigene Familienmitglieder als auch fremde Mädchen und Frauen, die sie als Anhalterinnen mitgenommen oder beherbergt hatten. Die vier Wiener Krankenschwestern Waltraud Wagner, Stefanija Meyer, Irene Leidolf und Maria Gruber sollen mindestens über dreißig ihrer Patienten getötet haben. Die US-Amerikanerin Judias Buenoano wurde für schuldig befunden, mehrere ihrer E-hemänner sowie ihren behinderten Sohn ermordet zu haben. Jürgen Bartsch vergewaltigte und tötete vier Jungen, denen er auf seinen 'Streifzügen' zufällig begegnet war (Bourgoin 1995; Murakami/Murakami 2001). Bei Tätern, die ihnen fremde Personen töten, belegen bisherige Fälle, dass zumindest ein Teil von ihnen den ersten Mord in einem ihnen vertrauten geografischen Raum verübt beziehungsweise fortgesetzt in einem bestimmten Gebiet operiert (vgl. Hoffmann 2001b, 319 f. – zum Fall von Ronny Rieken, der die beiden Mädchen Christina Nytsch und Ulrike Everts getötet hat). Obwohl keine soziale Bindung zum Opfer besteht, erlaubt dies wenigstens eine gewisse räumliche Eingrenzung (ebd., 318 ff., Musolff 2001, 15 f.). Insgesamt lassen sich basierend auf den oben exemplarisch angeführten Fällen folgende Varianten unterscheiden: Die Tötungen können (a) an Fremden, (b) im sozialen Nahbereich, (c) im beruflichen Umfeld (primär im Pflegebereich) oder (d) in Mischkonstellationen vollzogen werden, wobei immer der geografische Bewegungsraum des Täters zu prüfen ist.

5. (Vermeintliche) Unauffälligkeit des Täters

Die Ermittlung von Serienmördern wird nicht nur durch die Modi ihrer Opferauswahl und die Komplexität ihrer Tatszenarien erschwert, sondern auch durch den Umstand, dass sie mehr oder minder ausgeprägt über die Fähigkeit zu verfügen scheinen, oberflächlich sozial konforme Verhaltensweisen imitieren zu können. Diese psychosoziale *Mimikry* erlaubt es ihnen, ihr destruktives Selbst zu überlagern, welches solche extremen Formen angenommen hat, dass sie ihre Innenwelt nicht mehr auf konstruktivem Wege mitzuteilen vermögen (Seltzer 1998, 9 f.). Es gibt Täter wie Frank Gust, die zum Zeitpunkt ihrer Morde in einem Partner- oder Familienverbund leben.[42] Andere Serienmörder wie der US-Amerikaner Jeffrey Dahmer sind relativ isoliert und pflegen kaum soziale Kontakte (vgl. Masters 1995). Unter Berücksichtigung innerfamiliärer Prozesse (Isolierung, Verdrängungsmechanismen u.a.) bedarf es im ersten Fall eines größeren Aufwands sozialer Bewerkstelligung (bezüglich der interpersonellen Kommunikation etc.), während dieser im zweiten Fall geringer angesiedelt werden kann. Aber in beiden Fällen wird der Anschein sozialer Konformität soweit gewahrt, dass das nähere (Familie, Verwandtschaft, Freunde) und entferntere Umfeld (Nachbarn, Bekannte, Berufskontakte usw.) nicht wahrnimmt, welches Ausmaß dem Destruktionspotential des jeweiligen Täters zukommt (Canter 1994, 269 ff.). Dieses Phänomen lässt sich mit Sicherheit auch darauf zurückführen, dass sich im sozialen Umfeld des Täters oftmals niemand für dessen Situation oder Entwicklung interessiert und bereit ist, genau hinzusehen. Serienmörder stammen in der Regel aus instabilen und dysfunktionalen Familien. Das soll nicht heißen, dass alle Menschen mit einem solchen biografischen Hintergrund zu Mördern werden, aber umgekehrt findet sich kein Serientäter, der aus einer intakten Familie kommt beziehungsweise in einem positiven Verhältnis zu seinen primären Bezugspersonen steht. In der Primärsozialisation zugefügte seelische und körperliche Verletzungen sind für Außenstehende nicht immer zu erkennen und können von einem innerfamiliären Klima der emotionalen Kälte und des Misstrauens bis hin zu massiven psychischen, physischen und sexuellen Misshandlungen reichen. Dennoch sind Serienmörder in der Regel eigenverantwortlich handelnde Individuen, die sich fortgesetzt über ihre Tötungen bewerkstelligen und im Kontext ihrer Tatbegehungen eine Reihe von rationalen Entscheidungen treffen – hinsichtlich der Opferauswahl, der Tatwaffe, des Angriffszeitpunkts etc. Über die Morde erlangen sie Sichtbarkeit. Ansonsten sind sie unscheinbar, was ihnen einerseits ermöglicht, weiter zu töten, und andererseits ein

---

[42] Gust hat mindestens vier Frauen getötet und ihnen unter anderem postmortal die Hände entfernt. Zum Zeitpunkt seiner Verhaftung im November 1999 lebte er mit Ehefrau und Tochter zusammen in einer Wohnung in Bottrop (siehe Hoffmann 2001b, 317).

Charakteristikum ist, welches tief in ihrer Biografie und ihrer Persönlichkeitsstruktur verankert ist (siehe zu diesem Abschnitt: Ressler et al. 1995).

6. Fantasien

Gewalt- und Tötungsfantasien spielen bei seriellen Tötungen eine exponierte Rolle (vgl. ebd., 70). Zum Einen lässt sich Serienmord als das Resultat einer zunehmend eskalierenden, gewalttätigen und zerstörerischen Vorstellungswelt interpretieren und zum Anderen bilden die Mordfantasien je nach Grad ihrer Ausprägung die Anregung, die Vorlage oder das innere Skript für die tatsächlichen Tötungen und sind überdies ein wichtiges Instrumentarium, um die Zeitphasen zwischen den einzelnen Morden zu überbrücken. Es gibt Tötungsszenarien, bei denen der Aspekt der Fantasie evident ist: etwa im Fall von Edmund Emil Kemper, der die Köpfe seiner weiblichen Opfer derart vergraben hat, dass die Augen auf das Schlafzimmerfenster seiner Mutter ausgerichtet waren (Douglas/Olshaker 1997a, 125); oder bei Jeffrey Dahmer, der sich aus den Knochen seiner männlichen Opfer einen Schrein – einen Altar – bauen wollte (Masters 1995, 323 f.). Bei anderen Szenarien ist das Moment des Imaginären weniger präsent: zum Beispiel bei seriellen Patiententötungen. Auch hier können die Morde Ausdruck einer bestimmten Vorstellung sein (von Allmacht etc.), aber diese äußert sich, anders als bei Kemper oder Dahmer, nicht derart deutlich in den Tatmerkmalen. Die Injizierung von Luft, die Verabreichung von toxischen Substanzen oder die Erstickung mit einem Kissen bleibt eher im Rahmen des Funktionalen. Die symbolische Ebene ist hier allenfalls implizit vorhanden. *Was heißt das?* Je weniger eine Handlung erforderlich ist, um den Tod des Opfers unmittelbar herbeizuführen (vgl. die genannten Beispiele von Kemper und Dahmer), desto naheliegender ist die Schlussfolgerung, dass diese Handlung eine spezifische symbolische Bedeutung für den Täter hat und mit einem entsprechenden intrapsychischen Szenario korrespondiert (siehe oben Punkt 3). In Bezug auf die semiotische Struktur serieller Tötungen ist dies ein entscheidender Punkt, der im Folgenden weiter zu behandeln sein wird.

Das ist ein Überblick über einige zentrale Aspekte des Phänomens "Serienmord". Im Kern gründen sie auf den Fallrekonstruktionen von Kriminalisten, Forensikern, Psychologen und Juristen (primärer Zugang: über Spuren und Befunde, sekundärer Zugang: über mündliche, schriftliche und bildliche Zeugnisse wie Aussagen, Akten etc.). Damit einzelne Tötungen in einen "seriellen" Kontext überstellt werden können, müssen gewisse Voraussetzungen erfüllt sein[43]:

(1) Auffindung einzelner oder mehrerer Leichen.

(2) Erkenntnis, dass es sich bei den Todesfällen um Tötungen handelt.

(3) Diese sind als Teil einer oder mehrerer Mordserien zu identifizieren.

(4) Ermittlung eines oder mehrerer Täter, um Informationen bezüglich seiner/ihrer Biografie(n) und Lebenswelten zu erhalten.

Jeder dieser vier Punkte markiert gleichzeitig eine Hauptfehlerquelle, welche die kriminalistische und forensische Rekonstruktion von Mehrfachmorden erschweren, verfälschen oder verhindern kann:

1. Auffindung einzelner oder mehrerer Leichen
Wird keine Leiche gefunden, so lässt sich kaum oder nur anhand anderer Indizien (Zeugenaussagen usw.) eruieren, was mit einem Menschen geschehen ist und ob sein Verschwinden mit einem Gewaltverbrechen in Zusammenhang steht. Das setzt jedoch voraus, dass eine Person soweit sozial eingebunden ist, dass sie jemand als vermisst meldet. Die Entdeckung einzelner Körperteile (z.B. des Torsos) erlaubt, sofern möglich, eine Bestimmung des Alters, des Geschlechts, der Liegezeit und eventuell der Gewalteinwirkung (Püschel/Schröer 2001, 218-221). Stammt der mutmaßliche Täter nicht aus dem Umfeld des Opfers, so ist es sehr schwierig, anhand der möglicherweise vorhandenen Spuren und Befunde gesicherte Erkenntnisse hinsichtlich der Person des Täters zu gewinnen oder diese einer Tötungsserie zuzuordnen.

2. Erkenntnis, dass es sich bei den Todesfällen um Tötungen handelt
Laut rechtsmedizinischen Schätzungen wird allein in Deutschland nur jedes zweite Tötungsdelikt erkannt, was auf eine fehlende beziehungsweise nicht

---

[43] Siehe hierzu auch: Scheerer 2003, 503.

fachgerechte Leichenschau zurückgeführt wird (ebd., 213). Insbesondere bei Personen mit schwacher physischer Konstitution (bspw. bei alten oder kranken Menschen) liegt der Verdacht nahe, dass die Todesursache nicht immer gründlich genug geprüft wird (wie im Fall des Serienmörders Horst David, bei dessen Opfern teilweise aufgrund des Alters und der scheinbar fehlenden Verdachtsmomente eine "natürliche" Todesursache festgestellt wurde – vgl. Rückert 1999). Darüber hinaus gibt es Tötungsmethoden, die äußerst schwer nachweisbar sind – vor allem bei einem fortgeschrittenen Verwesungszustand der Leiche (z.b. bei einer Verabreichung bestimmter Substanzen, einigen Formen des Erstickens). In solchen Fällen lässt sich die Todesursache auch nach eingehenden rechtsmedizinischen Untersuchungen nicht genau klären.

3. Diese sind als Teil einer oder mehrerer Mordserien zu identifizieren

Es existiert kein einheitliches Merkmals-Schema, mit dessen Hilfe sich Mordserien identifizieren ließen. Tötungsart, Opfertypus, Platzierung/Entsorgung der Leichen usw. können übereinstimmen, aber sie müssen es nicht. Einige Täter folgen, mit geringen Abweichungen, dem immer gleichen Muster (z.b. David Berkowitz). Bei anderen scheint nichts zusammenzupassen, oder es sind scheinbare 'Nebensächlichkeiten' (wie das Verrücken von Gegenständen am Tatort), welche das Verbindungsglied zwischen den einzelnen Tötungen bilden (wie im Fall von Horst David). Jedes Detail ist entscheidend. Und manchmal besteht der rote Faden in der semiotischen beziehungsweise psychischen Struktur hinter der Tat (Beispiel: Demütigung der Opfer mittels unterschiedlicher Szenarien) (Turvey 1999, 161-167). Vor allem ist zu berücksichtigen, dass der Tathergang ein dynamischer Prozess ist und als solcher auch von Faktoren bestimmt wird, die sich seitens des Täters nicht vollständig kalkulieren lassen und das Tatergebnis erheblich beeinflussen können (mögliche Gegenwehr des Opfers, plötzliches Erscheinen Dritter etc.).

Mittlerweile gibt es Datenbanken wie die von der kanadischen Polizei entwickelte Falldatei "ViCLAS" ("Violent Crime Linkage Analysis System")[44], anhand derer einzelne ungeklärte Fälle auf einen eventuellen seriellen Zusammen-

---

[44] Vorläufer von "ViCLAS" war die vom FBI eingeführte Datei "VICAP" ("Violent Criminal Apprehension Program"). Siehe zu diesem Thema u.a.: Musolff 2001a, 14 f.

hang geprüft werden können. In einer solchen Datei werden ungelöste Fälle in ihren Einzelheiten gespeichert und können in ihren Merkmalen mit anderen Fällen abgeglichen werden.

4. _Ermittlung eines oder mehrerer Täter, um Informationen bezüglich seiner/ihrer Biografie(n) und Lebenswelten zu erhalten_

Und schließlich besteht das Problem, den Urheber einer Tötungsserie zu ermitteln, wobei das Moment des Zufalls nach wie vor eine wichtige Rolle spielt (Entkommen eines Opfers, Hinweise durch Zeugen u.ä.).[45] Wird ein Täter identifiziert und verhaftet, sehen sich die Ermittler vor die Frage gestellt, inwieweit sich die sprachlichen Erzählungen des Täters – seine Aussagen zum Tatverlauf – mit den gesicherten Spuren und Befunden vereinbaren lassen oder diesen widersprechen. Ist Letzteres gegeben, so ist zu klären, welche der beiden 'Versionen' sich anhand der Indizien verifizieren lässt. Es liegt nicht unbedingt im Interesse des mutmaßlichen Täters, sich selbst zu belasten oder 'negativ' darzustellen, so dass seine sprachliche Zeugnisse ebenso mit Skepsis zu betrachten sind wie seine konkreten Tatszenarien. Die seelische und körperliche Manipulation ist ein elementarer Aspekt gewalttätiger Handlungen – auch in Hinsicht auf die Instanz des externen Beobachters.

Dies ist die andere Seite, die bei einer Beschäftigung mit dem Thema "Serienmord" zu bedenken ist. Serielle Tötungen konstituieren sich nicht nur über spezifische Kriterien, sondern auch über die Art und Weise, wie sie mittels des zusammengetragenen Fallmaterials konstruiert werden. Die oben skizzierten Punkte mögen von ihrem Gehalt her teilweise einfach und selbstverständlich anmuten, aber sie sind erforderlich, um den komplexen Hintergrund dessen zu begreifen, was in der Fachliteratur und in den Massenmedien als "Serienmord" bezeichnet wird. Gleichzeitig stellt es die Basis für die folgenden Überlegungen dar.

---

[45] Jeffrey Dahmer wurde beispielsweise gefasst, weil sein letztes Opfer, Tracy Edwards, aus Dahmers Wohnung fliehen und die Polizei verständigen konnte (Masters 1995, 13 ff.).

4.2. Abgrenzung zu anderen fortgesetzt gewalttätigen Lebensszenarien

Serienmord ist nicht der einzige Tötungstypus, in dem sich ein Individuum wiederholt über die Ausübung finaler physischer Gewalt bewerkstelligt. Außerhalb des staatlich legitimierten Rahmens (Polizei, Militär, Henker etc.) gibt es weitere Lebensszenarien multiplen Tötens: zum Beispiel in der Organisierten Kriminalität oder im Extremismus.

Wodurch unterscheiden sich diese Szenarien voneinander?

Wie bisher zu sehen war, folgen serielle Tötungen keinem einheitlichen – sexuell geprägten – Muster. Das heißt, der Aspekt des Sexuellen reicht als Unterscheidungsmerkmal nicht aus. Im Gegenteil. Er markiert lediglich ein Teilstück des gesamten Puzzles. Auffällige Charakteristiken wie postmortale Verstümmelungen, Bissspuren, Arrangierung des Tatorts etc. gehören ebenfalls nicht zwangsläufig zum Repertoire einer Mordserie. Schussverletzungen oder Nadeleinstiche sind ebenso geläufig. Teilweise sind die Befunde sehr diskret oder äußerlich kaum bis gar nicht wahrnehmbar (z.B. bei Intoxikationen). Über die strukturelle Ebene (Art/Grad der Gewalteinwirkung, Bewegungsrichtung usw. – vgl. Gewaltkonzept in Kapitel 3.2., S. 37-47) lässt sich Serienmord demnach nur bedingt von anderen multiplen Tötungsszenarien differenzieren.

Andere bisher genannte Kategorien wie "Unauffälligkeit", "Fantasien" und "Macht" sind ebenfalls nicht zur Unterscheidung dieser gewalttätig ausgerichteten Lebenswelten geeignet. Diese Aspekte lassen sich beispielsweise auch den islamischen Selbstmord-Attentätern zuweisen, die am 11. September 2001 eine Reihe von verheerenden Anschlägen in den USA verübt haben. Die Täter entführten insgesamt vier besetzte Passagierflugzeuge. Zwei der Maschinen steuerten sie in die beiden Türme des New Yorker World Trade Centers, eine Dritte in das Pentagon, den Sitz des US-amerikanischen Verteidigungsministeriums, und die Vierte stürzte ab, ohne einen Zielpunkt erreicht zu haben. Einige der Attentäter haben vor den Anschlägen in Hamburg gelebt und studiert – unter anderem der gebürtige Ägypter Mohammed Atta, der als Anführer der Hamburger Zelle gilt. Von ihrem sozialen Umfeld wurden die Mitglieder dieser Gruppe im Nachhinein als "angepasst" und "unscheinbar" beschrieben. Darüber hinaus wurde ein Brief gefunden, der von Atta stammen soll und in dem er bis in das kleinste Detail seine Vorstellungen vom Märtyrertod und vom Jenseits schildert (siehe zu diesem Thema: Kucklick/Luczak/Reuter 2001, 112-126). Die Kopplung von Fantasie und Gewalt mag hier in einem anderen kulturellen, religiösen und politischen Kontext angesiedelt sein, aber sie erfüllt ähnliche Bewerkstelligungsmodi wie bei Serienmördern (z.b. Bestärkung im eigenen Handeln, positive Selbstinszenierung, Demonstrierung von Allmacht, Distinktion).

Im 19. Jahrhundert vertrat der Italiener Cesare Lombroso die Ansicht, dass "Verbrecher" anhand bestimmter körperlicher Charakteristiken zu identifizieren seien (Strasser 1984). Diese Meinung ist wissenschaftlich längst widerlegt und durch die psychologisch begründete Annahme ersetzt worden, dass sich "abweichende" Verhaltens- und Persönlichkeitsmerkmale primär in den Handlungen eines Menschen zeigen, welche sich an Tatorten in Gestalt von Spuren und Befunden widerspiegeln. Aber nicht unbedingt an der Oberfläche des alltäglichen Lebens. Sich über nicht normierte physische Gewalt zu bewerkstelligen und zu unterscheiden, bedeutet nicht zwangsläufig, dass diese Seite der eigenen Persönlichkeit auch offen preisgegeben werden soll. Eine sozial kompatible Tarnung beziehungsweise Mimikry sichert, wie bereits zuvor gesagt wurde, zumindest für einen gewissen Zeitraum, die Fortführung des gewaltorientierten Lebensstils. Und dies gilt sowohl für Serienmörder, als auch für Auftragsmörder und für Terroristen.

Die Frage nach der Motivation bietet gleichfalls keine gesicherte Möglichkeit der Unterscheidung. Intrapsychische Momente können bei allen drei Varianten von Bedeutung sein – selbst bei einer Einbindung in eine Gruppierung (Extremismus) oder bei einer (scheinbar) ökonomischen Ausrichtung (Auftragsmorde). Und doch markieren kontextuelle Kriterien wie die soziokulturelle und ökonomische Lebenswelt des Täters wesentliche Unterscheidungsmerkmale – trotz denkbarer Überschneidungen und definitorischer Unschärfen. Der Serienmörder lässt sich der *Individualebene* zuweisen, der Terrorist der *Gruppenebene*, der "Auftragskiller" der *ökonomischen Ebene* und Organisationen wie die Mafia sind sowohl wirtschaftlich orientiert als auch gruppenbezogen (siehe

Kapitel 3.2., S. 46; vgl. Canter 2003, 190, Krasmann 1997, 200-219). Diese Settings liefern jeweils die Rahmenbedingungen für die Selbstbewerkstelligungen und -inszenierungen der Täter, welche gemäß ihrer individuellen Lebensgeschichten das Szenario wählen, das ihrer Persönlichkeit und ihrem Bedürfnis nach Selbstausdruck am Meisten entspricht. Solche Erkenntnisse sind nicht neu. Die genannten Kriterien sind gängiger Bestandteil kriminalistischer wie kriminologischer Definitionen. Wichtig ist jedoch der Wechsel in der Gesamtperspektive: Faktoren wie Gruppenzugehörigkeit, finanzielle und politisch-religiöse Interessen sind zwar entscheidende Aspekte, aber sie verkörpern nicht mehr die inhaltliche Seite der Bewerkstelligung, sondern den Schauplatz, auf dem das Individuum seine Selbstkonstruktion über das Töten austrägt. So gesehen, ist der gewaltfokussierte Lebenskontext des Täters die Rahmung für ein übergeordnetes mentales Skript destruktiver Selbstdefinition und Lebensführung.

Eine weitere Differenzierungsebene basiert auf dem potentiellen symbolischen Gehalt von Tötungshandlungen, welcher in (fortgesetzten) Gewalt- und Tötungsszenarien allgegenwärtig ist. Serienmorde zeichnen sich in der Regel durch Symbolisierungen aus, die der Innenwelt des jeweiligen Täters entstammen. Sie korrespondieren zwar mit soziokulturellen Vorstellungen, aber sie werden vom Täter (und später von den Ermittlern und Psychologen) in einen individuellen Kontext überführt (z.B. im Falle der Platzierung von Gegenständen in der Vagina weiblicher Opfer). Hingegen sind die Symbolisierungen von politisch (-religiös) motivierten Extremisten auf eine möglichst breite und effektive Verständlichkeit angelegt. Ziel ist es hier, ein politisches/ökonomisches/soziales System mit möglichst geringem Aufwand an empfindlicher Stelle zu treffen und in seinen Grundfesten zu erschüttern. Um die Botschaft der Verwundbarkeit zu vermitteln, muss sie in ihrer Bedeutung unmissverständlich sein und sich an den soziokulturellen Konventionen des anvisierten Systems orientieren (wie im Fall der oben angeführten Anschlags-Reihe vom 11. September 2001, bei der gleich zwei Wahrzeichen der Weltmacht USA attackiert wurden. Die Türme des World Trade Centers wurden vollständig zerstört und das Pentagon zum Teil schwer beschädigt). Im Bereich der Organisierten Kriminalität oder anderer Gruppierungen (Sekten, Kulte etc.) werden explizite Symbolisierungen entweder ausdrücklich vermieden (etwa bei der Vortäuschung von Unfällen) oder es wird auf interne Zeicheninventare und -kodierungen zurückgegriffen (Beispiel: spezifische Tötungsmethoden bei Verrat oder Ausstieg).

Lebensszenarien, welche mehr oder minder kontinuierlich durch das Element des Tötens bestimmt werden, legen den Schluss nahe, dass das betreffende Individuum in diesen Settings Vorstellungen und Selbstentwürfe ausdrücken kann, die auf normativem Wege nicht artikulierbar sind. Bei Serienmördern wird das Selbst durch Tatort und Opfer repräsentiert. Bei den anderen multiplen und fortgesetzten Tötungstypen vollzieht sich eine semiotische Verlagerung in einen größeren sozialen, ökonomischen und/oder politischen Kontext. Das unmittelbare Tötungsszenario ist auch hier von Bedeutung, aber die Selbstrepräsentation geht in einem übergeordneten System (wirtschaftlich/politisch/sozial) auf und bleibt nicht auf die individuelle Sphäre beschränkt.

4.3. "The killer in me is the killer in you ..."[46] – Einige kritische Anmerkungen zu den in diesem Buch verwendeten Falldarstellungen

> *"Ein Verbrecher ist möglicherweise besessen davon zu töten, genau wie ich besessen davon sein kann, ihn zu jagen."*
>
> *John Douglas/Mark Olshaker, Mörder aus Besessenheit. Der Top-Agent des FBI jagt Sexualverbrecher (1999, 52)*

> *"Spuren sind stumm. Allein die menschliche Vorstellungskraft ist beredt."*
>
> *Jo Reichertz, "Meine Mutter war eine Holmes". Über Mythenbildung und die alltägliche Arbeit der Crime-Profiler (in: Musolff/Hoffmann 2001, 60)*

Die bisherigen Ausführungen haben gezeigt, dass es im Zusammenhang mit seriellen Tötungen zwei Arten des Erzählens gibt: (1) die Selbstinszenierung und Äußerung über den Körper des Opfers (*Taterzählung*), (2) die sprachliche und bildliche Rekonstruktion des Tatgeschehens mittels Spuren und Befunden. Erstere impliziert die unmittelbare und direkte Setzung eines Ereignisses. Letztere markiert die sekundäre Nutzung des Tathergangs durch Interpretation der zurückgelassenen *Spurenfragmente*. Die Tötungen haben nicht nur für die Täter eine identitäts- und sinnbildende Funktion, sondern auch für die externen Beobachter (Kriminalisten, Rechtsmediziner, Kriminalpsychologen etc.), welche die Rudimente des Geschehens mit Hilfe ihrer Theorien und Methoden in einen nachvollziehbaren und greifbaren Kontext überstellen. Die daraus resultierenden Falldarstellungen (in Gestalt von Protokollen, Berichten, Gutachten, Artikeln, autobiografischen Texten usw.) erfüllen nicht nur einen praktischen Nutzen

---

[46] Smashing Pumpkins, Disarm (1993).

64

(z.B. Dokumentation des Beobachteten). Wie im Kapitel 2.1. "Die Chiffren des Erzählens" (S. 9-13) dargelegt wurde, sind solche textlichen Zeugnisse immer auch ein Instrumentarium, um eine spezifische Sicht von Welt zu konstruieren. Die in fachliche und institutionelle Rahmen eingebundenen Fallrekonstruktionen können daher ein wesentliches Vehikel sein zur:

- Formierung eines beruflichen Selbstverständnisses,
- Legitimierung der jeweiligen Institution oder Disziplin als Definitions- macht,
- beruflichen wie persönlichen Verortung im sozialen System
- Verarbeitung des Beobachteten und Erlebten,
- Herstellung von Wissensbeständen
- Deklarierung von Kompetenzbereichen.

Das heißt: Die Falldokumentationen und -geschichten sind nicht nur Be- standsaufnahmen zum Thema "Serienmord", welche Aufschluss geben über des- sen Einbindung in die jeweiligen Fachdiskurse, sondern sie bieten auch wichtige Anhaltspunkte bezüglich der Position des Erzählers. Ebenso, wie die Morde selbst etwas über den Täter zu verraten scheinen, entlarven die sprachlichen Nacherzählungen der Taten ihre Erzähler. Das gilt zum Beispiel für die häufig autobiografisch gefärbten Schriften sogenannter "Profiler" oder Fallanalytiker, welche im Mittelpunkt des massenmedialen und fachlichen Interesses stehen. Vor allem die beiden ehemaligen FBI-Beamten John Douglas und Robert Ress- ler haben die fachliche wie populärkulturelle Konstruktion serieller Tötungen durch Publikationen, Interviews, Vorträge etc. maßgeblich geprägt.[47] Sie ver- schmolzen nicht zuletzt durch Thomas Harris' Roman *Das Schweigen der Läm-*

---

[47] Siehe Reichertz, der sich ausführlich dieser Problematik widmet und neben Ressler und Douglas auch europäische "Profiler" und Fallanalytiker erwähnt: u.a. Paul Britton, David Canter, Thomas Müller, Harald Dern (Reichertz 2001; sowie Jenkins 1994; Linder 1999, 2002); sowie Scheerer 2001, 71-85.
Zu den Veröffentlichungen von Ressler und Douglas: Diese entstanden jeweils unter Beteili- gung von Co-Autoren. Literaturangaben werden daher jeweils als "Ressler/Shachtman" bzw. "Douglas/Olshaker" zitiert. Wird nur der Name "Ressler" oder "Douglas" gebraucht, so steht dieser nicht für die real existierende Person des Autoren, sondern für die Instanz des Ich- Erzählers, welche von dem jeweiligen Autorenteam ersonnen wurde. Ähnlich verfährt auch Linder in seinem Artikel *Der Serienkiller als Kunstproduzent. Zu den populären Repräsenta- tionen multipler Tötungen* (Veröffentlichung im Januar 2003).

mer (1990) und die gleichnamige Verfilmung von Jonathan Demme (1991) zum Prototypen des sogenannten "Profilers", der in unzähligen Romanen, Serien, Filmen und Dokumentationen kopiert und variiert wird – häufig eingerahmt von Geschichten, die mehr oder minder an die Fallerzählungen von Ressler und Douglas erinnern.[48] Im Folgenden soll am Beispiel dieser beiden Kriminalisten kurz skizziert werden, worauf bei der Lektüre von Falldarstellungen zu achten ist und inwieweit es sich hier um Konstruktionen einer vermeintlichen Wirklichkeit handelt. Ist das ideologische Gerüst enttarnt, lassen sich bei den einzelnen Fallgeschichten eher die für den Tatablauf relevanten Merkmale herauskristallisieren, welche je nach Quelle gleichfalls variieren können. Es geht nicht darum, den Anschein von Objektivität zu erzeugen und möglichst viele 'Fehlerquellen' in den bestehenden Fallgeschichten auszuräumen. Vielmehr ist ein reflektierender und bewusster Umgang mit dem verfügbaren Erzählmaterial erforderlich, um innerhalb des Fachdiskurses eine 'neue Geschichte' zu erzählen – aus einer anderen Perspektive und unter Schaffung eines weiteren theoretischen Zuganges. Die 'autobiografisch' gehaltenen Erzählungen der beiden Serienmord-Pioniere Ressler und Douglas weisen im Wesentlichen drei Tendenzen auf, anhand derer sich bestimmte Erzählmechanismen veranschaulichen lassen[49]:

(1) Rückgriff auf literarische, fiktive Figuren aus dem Detektivgenre (primär bei Douglas)
(2) Anleihen aus dem Horrorgenre (Vokabular, Vampir-/Werwolf-Mythos etc.)

---

[48] Die Figur des Jame Gumb in *Das Schweigen der Lämmer* ist beispielsweise eine Synthese aus den Verhaltensmodi mehrerer realer Serienmörder: Aus dem Fall von Ed Gein stammt die Idee, aus Frauenhäuten ein Kostüm zu schneidern; das Anlocken des Opfers mittels vorgetäuschter Hilflosigkeit (Täter mit scheinbar eingegipstem Arm und der Bitte um Hilfe) ist aus dem Fall von Thedore Bundy überliefert und das Kellerverlies mit dem Brunnen ist grob an den Folterkeller von Gary Heidnik angelehnt.

Der massenmediale Serienmord- und Profiling-Boom ist jedoch vorbei. Die Figur des Profilers wird in populärkulturellen Kriminalitätsdarstellungen von der des Rechtsmediziners (bzw. Forensikers) abgelöst (Bsp.: TV-Serien wie *CSI, Gerichtsmedizinerin Samantha Ryan*, Romane von Kathy Reichs). Die Fälle sind wieder breiter angelegt (Häusliche Gewalt, Sexualdelikte, Kindesmisshandlung, Raubmord etc.).

[49] Die folgenden Ausführungen basieren auf den in deutscher Übersetzung vorliegenden Ausgaben (Douglas/Olshaker 1997a, 1997b, 1999; Ressler/Schachtman 1998).

(3) Gebrauch von kulturell definierten Begriffen als Metaphern ("Handschrift", "Kino-Serie", "Kunst" usw.)

Es sei an die in Kapitel 2.1. aufgeführten vier Erzählkriterien "Auswahl", "Perspektive", "(Zeitliche/Räumliche) Anordnung" und "Verknüpfung" erinnert (siehe Seite 11 f.). Die oben genannten Erzählmechanismen lassen sich vor allem den ersten beiden Kriterien zuordnen. Der Umstand, dass Ressler und Douglas in ihren Erzählungen auf Figuren wie Sherlock Holmes oder den Weißen Hai (aus Steven Spielbergs gleichnamigen Film) zurückgreifen, lässt vermuten, dass in diesen Beispielen seitens der Verfasser bestimmte Themen und Sinnbilder ausgewählt werden, die dazu dienen, eine spezifische Perspektive zu konstruieren. Dies ist der Kontext der folgenden exemplarischen Kleinanalysen.

1. Rückgriff auf literarische, fiktive Figuren aus dem Detektivgenre

Eine Strategie, um die eigene Kompetenz und Professionalität als Kriminalist zu demonstrieren, besteht darin, auf positiv besetzte "Kollektivsymbole" (Reichertz 2001, 43) zu rekurrieren. So beruft sich Douglas auf eine Ikone der fiktionalen Detektivliteratur – auf die von Sir Arthur Conan Doyle erdachte Figur des Sherlock Holmes, die in erster Linie detektivische Perfektion und logische Brillanz verkörpert (ebd., 41-48).[50] Douglas sieht sich in seiner Tätigkeit als "Profiler" in einer Tradition mit dem fiktiven Meisterdetektiv. Der feine Unterschied besteht jedoch darin, dass die Geschichten um Sherlock Holmes komplett der Vorstellungswelt des Schriftstellers Doyle entspringen und von Anfang bis Ende derart konstruiert sind, dass die Figur "Holmes" alle Fälle löst, weil sein Erfinder, der Autor, alle Handlungsstränge der Erzählung in den Händen hält. Aus diesem Grund ist Sherlock Holmes in seinen Schlussfolgerungen unfehlbar. Ein Kriterium, das der Ermittler Douglas nicht erfüllt – nicht erfüllen kann, weil die *Taterzählungen*, die er schildert, von anderen Urhebern stammen, als von dem Verfasser Douglas und seinem Co-Autor (siehe: 1997a, 33 ff., 38, 41). Sich in eine Reihe mit fiktiven Detektivfiguren zu stellen, bedeutet also, die eigene Arbeit als "Profiler" mit einer Sicherheit und Treffsicherheit zu belegen, die de facto nicht gegeben ist. Aber im Rahmen der Erzählung erweckt dieser Kunstgriff die

---

[50] Diese Analogie ist besonders prägnant in der doppeldeutigen Kapitelüberschrift "Meine Mutter war eine Holmes", welche Reichertz im Titel seines Artikels aufgreift (siehe Reichertz 2001).

Illusion, als sei die von Douglas propagierte Profilerstellung ein zuverlässiges und aussagekräftiges Verfahren, welches Einsichten in die Innenwelten des jeweiligen Täters erlauben würde. Die behavioristische Interpretation des Tatortes und der rechtsmedizinischen Befunde wird zum Faktum erhoben – und bleibt doch Rekonstruktion.

Bei Ressler/Shachtman finden sich solche Rückgriffe auf das Detektivgenre nur am Rande, aber dafür fungieren sie als Klimax des Erzählers "Ressler", der sich gewissermaßen über seine fiktiven Ahnen stellt, indem er konstatiert: "Jawohl, die Mörder zieht es an den Schauplatz ihrer Verbrechen zurück! [...] Nicht minder wichtig war die Erkenntnis, daß nicht etwa Schuldgefühle den Ausschlag geben, was bis dahin immer die Psychiater angenommen hatten, sondern die sexuelle Natur ihrer Morde. Die Rückkehr an den Tatort erhielt eine neue Bedeutung, wie sie nicht einmal Sherlock Holmes, Hercule Poirot oder Sam Spade erahnt hätten." (Ressler/Shachtman 1998, 97). In dieser Passage bekräftigt Ressler die Relevanz und Originalität seiner Hypothesen. Gleichzeitig wird impliziert, dass ihm das gelingt, was den Heroen der Detektivliteratur verborgen geblieben sei: die Entdeckung der "sexuellen Natur" von Mehrfachmorden – erkennbar in der Rückkehr an den Tatort. Abgesehen von der Tatsache, dass solche Erkenntnisse bereits zu Beginn des 20. Jahrhunderts von Verfassern wie Gross, Krafft-Ebing und Wulffen vertreten wurden (vgl. bspw. Gross 1898, 94 f.; 1904, 140; Krafft-Ebing 1924, 131-138; Wulffen 1910, 455 ff.), wird auch hier der Vergleich mit fiktiven Detektivfiguren gesucht – die nichtfiktionale Sphäre mit fiktionalen Mythen verwoben.[51] Was als ein anschauliches und auflockerndes Stilmittel angelegt sein mag, mündet in eine semifiktionale Tradition aus erdachter und realer Ermittlungsarbeit, in welcher der Kriminalist "Ressler" die erfundenen Legenden von Doyle, Christie und Chandler noch übertrifft und dadurch seinen eigenen Mythos begründet – den Mythos vom "Profiler" als Experten für die Vorstellungswelten sadistischer Mehrfachmörder.

---

[51] Zum Begriff des Mythos: Gemäß ihrer originären Bedeutung waren Mythen Erzählungen von Göttern, Helden, herrschenden Familien und außergewöhnlichen Ereignissen aus Frühgeschichte und Antike (vgl. u.a. die Epen Homers). Im neueren Sprachgebrauch wird dieser Terminus auf Sachverhalte, Personen und Gegenstände übertragen, die realen Ursprungs sein können, aber durch ihre wiederholte Darstellung in den fachlichen und massenmedialen Diskursen eine Eigendynamik erhalten, die sie zu gemeinschaftlich getragenen – semifiktionalen – Symbolen werden lässt (vgl. auch Brunner/Moritz 1997, 240 ff.; Hawthorn 1992, 215 f.).

Bemerkenswert ist, dass sowohl Douglas/Olshaker als auch Ressler/Shachtman auf das Detektivgenre zurückgreifen und nicht etwa auf das Polizeigenre, welches in ihrem Fall naheliegender wäre. Ein möglicher Grund hierfür ist, dass in Letzterem häufig die mühsame Suche nach Beweisen und Darstellungen des polizeilichen Alltags im Vordergrund stehen und weniger die kognitive Genialität des Ermittlers, welche von den beiden Autorenteams reflektiert und in der klassischen Detektivliteratur thematisiert wird.

2. Anleihen aus dem Horrorgenre

Douglas führt die Entstehung von Horrormythen (Werwolf, Vampir) darauf zurück, dass "grausame" und "sadistische" Morde in der frühen Menschheitsgeschichte nicht rational erfasst werden konnten und daher in den Bereich des Mythischen verlagert wurden (Douglas/Olshaker 1997a, 32 f.). Doch diese vermeintlich rationale Haltung bleibt (zumindest in der deutschsprachigen Übersetzung der englischen Originalausgabe *Mindhunter*) inkonsequent: Hier wird das gleiche Vokabular benutzt wie im fiktionalen Horrorgenre. So ist ausgerechnet in der Passage, in welcher die rationalen Wurzeln irrationaler Horrorlegenden erklärt werden sollen, von "Greueltaten" und "Perversitäten" die Rede. Die Täter werden als "menschliche Ungeheuer" bezeichnet, ihre Taten als "abscheulich" tituliert und im weiteren Verlauf des Buches als "schrecklich", "bestialisch", "krankhaft" etc. beschrieben (z.B.: ebd., 32, 139). Während Douglas sich selbst, den "Profiler", in der Tradition der klassischen Detektivliteratur verortet, platziert er den Serienmörder im Bereich des Monströsen und Schrecklichen. Das Figurenarsenal und die sprachlichen Stilmittel des Detektivgenres scheinen nicht auszureichen, um die Qualität serieller Tötungen zu bezeichnen, welche mit Tatmerkmalen wie Nekrophilie, Sadismus oder Kannibalismus einhergehen können, die in der Tat eher in Horrorromanen oder -filmen zu lokalisieren sind. Doch anders als bei Lombroso (siehe Strasser 1984, 72 f.), manifestiert sich die "Monstrosität" der Mörder bei Douglas nicht mehr in ihrem physiognomischen Erscheinungsbild, sondern einzig in ihrer Psyche und in ihrem Verhalten am Tatort. Dieser wird zum Spiegelbild ihres psychischen Zustands. Douglas' Typisierung des Mehrfachmörders steht somit auch im Widerspruch zum klassischen Horrorgenre (Dracula, Frankenstein usw.), in welchem der Schrecken, das Ungeheuerliche, ähnlich wie bei Lombroso, physiognomisch präsent ist – in Gestalt des Vampirs, Monsters, Werwolfs u.ä., die von ihrem Äußeren her als grausam, abstoßend oder erschreckend beschrieben werden (Brittnacher 1994, 181-221). Douglas übernimmt dieses Vokabular zur Charakterisierung der Tatmerkmale und der Täterpersönlichkeit. Das gleiche Phänomen lässt sich bei Ressler beobachten, der Serienmorde unter anderem als "grässliche[ ] Morde", "barbarischste[ ] Bluttaten" (152), "abscheuliche[ ] Verbrechen" (12) und "diabolische[s] Vergnügen" (171) attribuiert und die Opfer als "Blutopfer" bezeichnet, während die Täter als "bestialische[ ] Mörder" (171) und "Schlächter" (11) tituliert werden.[52]

Durch solche, dem Horrorgenre entlehnte, Formulierungen wird Serienmord in den Bereich des Irrationalen verlagert. Er wird zu einem schaurigen Spektakel, das sich im Kern einer rationalen Betrachtung entzieht und stattdessen mit Schrecken und Ekel besetzt ist. Dies wird im folgenden Zitat deutlich, in dem Ressler die physische Erscheinung von Richard Chase beschreibt, der in den 1970er Jahren mehrere Menschen in Sacramento (USA) tötete und unter anderem das Blut seiner Opfer trank. Die Textpassage markiert gewissermaßen eine Mischung aus physischer und psychischer Monstrositätsdarstellung, denn Ressler zieht Parallelen zwischen den Augen als "Schlüssel zur Seele" und der psychischen Verfassung von Chase:

"Der nächste Schock war seine Erscheinung. Auf einen befremdlich aussehenden, spindeldürren Mann mit langem pechschwarzem Haar hatte ich mich ja gefaßt gemacht, nicht aber auf seine Augen. Ich werde sie nie vergessen können. Sie glichen denen des Hais in dem Film *Der Weiße Hai* – keine Pupillen, sondern nur schwarze Flecken. Der Mann hatte einen bösen Blick [...]". (Ressler/Shachtman 1998, 29)

Ressler vergleicht Chase explizit mit einer Ikone des modernen Horrorfilms. Die Figur des "Weißen Hais" ist ein Sinnbild für das archaische Böse, das emotions-

---

[52] Diese Tendenz korrespondiert mit dem Titel der englischsprachigen Originalausgabe von Ressler/Shachtman, Ich jagte Hannibal Lecter. Die Geschichte des Agenten, der 20 Jahre lang Serienmörder zur Strecke brachte (1998). Dieser lautet nämlich *Whoever Fights Monsters* (1992) und bezieht sich auf ein mittlerweile stark strapaziertes Zitat von Friedrich Nietzsche (*Jenseits von Gut und Böse*, Aphorismus 146 – ebd.).

los, triebgesteuert und irrational agiert. Auf diese Weise wird Chase in einen Bereich jenseits wissenschaftlicher Rationalität gerückt und mystifiziert. Entgegen Resslers ansonsten psychologischer Argumentation erhält Chase durch den Vergleich mit der Figur des Hais als Ausdruck einer negativ konnotierten Natur "animalische" und "triebhafte" Züge. Der Serienmörder wird zum Horrormythos stilisiert und reiht sich nahtlos neben fiktiven 'Bösewichtern' wie Freddy Krueger, Michael Myers oder "Leatherface" ein.[53]

3. Gebrauch von kulturell definierten Begriffen als Metaphern ("Kino-Serie", "Handschrift", "Kunst" usw.)

[1] "Damals liefen jeden Samstag im Kino Abenteuerserien [...]. Jede Woche köderten sie einen schon für die nächste Folge, denn immer, wenn es am aufregendsten wurde, war plötzlich Schluß. Das war alles andere als befriedigend, denn die Spannung wurde nicht etwa aufgelöst, sondern noch gesteigert. Die gleiche Unzufriedenheit stellt sich bei Serienmördern ein. Der Akt des Tötens an sich sorgt beim Mörder für nur noch größere Spannung. Es ist nämlich nie so perfekt, wie er sich das in seiner Fantasie ausmalt. [...] Der Serientäter überlegt sich nach seinem Mord, wie er es hätte besser anstellen können." (Ressler/Shachtman 1998, 45 f.)

[2] "Wenn dieser Mann andererseits Verbrechen in der Form begeht, daß er, sagen wir einen anderen beherrschen oder Schmerz zufügen kann, oder das Opfer bitten oder betteln läßt, dann ist das seine 'Handschrift'. Es drückt die Persönlichkeit des Mörders aus. Es ist etwas, das er tun muß." (Douglas/Olshaker 1997a, 295)

[3] "Will man den Künstler verstehen, muß man sich sein Werk ansehen. [...] Man kann Picasso nicht verstehen oder würdigen, ohne seine Bilder zu betrachten. Die erfolgreichen Serienmörder planen ihr Werk so sorgsam wie ein Maler

---

[53] Alle drei Figuren repräsentieren drei populäre Filmreihen des Horrorgenres: Freddy Krueger ist der Protagonist von "Nightmare on Elm Street", Michael Myers entstammt "Halloween" und "Leatherface" ist eine zentrale Figur in "The Texas Chainsaw Massacre" – einem Film, der frei an den Fall des Serienmörders Ed Gein angelehnt ist.

ein Gemälde. Sie betrachten das, was sie tun, als ihre >Kunst< und verfeinern sie im Laufe der Zeit." (Douglas/Olshaker 1997, 135)

Diese drei Zitate sollen beispielhaft illustrieren, wie Ressler und Douglas kulturell definierte Deutungsschemata in ihre Erzählungen integrieren, um ihr theoretisches Konzept des Profilings für Laien verständlich und unterhaltsam darzustellen. Indem sie bekannte und konventionell festgelegte Kulturbegriffe verwenden, vermitteln sie jedoch gleichzeitig den Eindruck, als seien serielle Tötungen in ihrem körperlichen Gehalt ein vertrauter und zugänglicher Untersuchungsgegenstand, der eine zuverlässige und gesicherte Erkenntnisgewinnung zuließe.

Der Gebrauch kulturell belegter Metaphern resultiert in einer Verdopplung des Sprachlichen und Bildlichen: Der Arbeitsgegenstand des "Profilers", die am Tatort und an der Leiche gefundenen Spuren, werden nicht nur über sprachliche und bildgebende Verfahren wie das Schreiben oder Fotografieren dokumentiert und rekonstruiert, sondern auch mit Sinnbildern des Massenmedialen ("Abenteuerserie"), Schriftlichen ("Handschrift") und Bildlichen ("Kunst") belegt. Diese ausdrückliche Bezugnahme auf kulturelle Zeichen und Praktiken ist ebenso Bestandteil des 'fachlichen' Mythos vom Serienmord beziehungsweise Profiling wie der Rückgriff auf die beiden zuvor erörterten Erzähltechniken. Sowohl die Tötung selbst als auch die Tatanalyse werden in den Kontext kultureller Traditionen gestellt. Spuren und Befunde werden zu Rätseln, die vom aufmerksamen und kompetenten Beobachter oder 'Leser' entziffert und gedeutet werden können. Und die Metapher der "Abenteuerserie" ermöglicht es dem Kriminalisten, sich als Zuschauer in die Innenwelt des Serienmörders hineinzuversetzen. Eine solche Erzählstrategie erlaubt es, ein schwer fassbares Phänomen wie Serienmord sowie die eigene Tätigkeit transparenter zu machen und bewusst oder unbewusst auf jene kulturellen Techniken zu referieren, mit deren Hilfe die Tathandlung erschlossen wird. Im Falle von Resslers "Abenteuerserie" scheint es sich hierbei um einen Erlebnisbereich zu handeln, welcher der kulturellen

Sozialisation des Ich-Erzählers entspringt.[54] Gleichzeitig haben diese Metaphern einen sinn- und identitätsstiftenden Charakter. Sie erhöhen die Plausibilität und Nachvollziehbarkeit des faktischen und moralischen Anspruchs, den Ressler und Douglas jeweils für sich und ihre Ansätze geltend machen.

Dies soll als Anschauungsmaterial genügen. Die exemplarische Analyse der hier vorgestellten Erzählstrategien hatte den Zweck, zu verdeutlichen, wie in Erzählungen bestimmte Ansichten, Bewertungen und Vorstellungen konstruiert und transportiert werden – beispielsweise über die Verwendung spezifischer Begriffe, Sinnbilder, Mythen etc. Wie im Folgenden zu sehen sein wird, weisen die körperlichen *Taterzählungen* der Serienmörder einige strukturelle Parallelen zu den sprachlichen Erzählungen der "Profiler" auf, sowie unüberwindbare Differenzen.

Doch zuvor sei noch einmal an die bisher zusammengetragenen, theoretischen Bausteine erinnert:

ERZÄHLUNG	ZEICHEN	MEDIUM+FORM	KOMMUNIKATION
KÖRPER	**KÖRPERGEWALT**		**SELBST-BEWERKSTELLIGUNG**
S E R I E N M O R D			

---

5. Zeichentheorie des Serienmords

5. 1. Schnittmuster – Eine Einführung

Ein Aspekt lässt sich nicht oft genug betonen: Die hier entworfene Zeichentheorie des Serienmords gründet auf der Körperlichkeit des Tötungsaktes und ist vor diesem Hintergrund strikt körperorientiert. Das bedeutet, der gesamte Ansatz stützt sich nicht nur auf kriminologische und semiotische Erkenntnisse, sondern auch – und das primär – auf die physische Prädisposition von Serienmorden. Das macht die nachfolgenden Seiten nicht gerade zu einer leichten Lektüre, denn es geht im wahrsten Sinne des Wortes an den inneren Kern des Themas – dorthin, wo es weh tut. So vermag dieser Beitrag einen Widerspruch nicht zu überbrücken, der die meisten Serienmord-Texte prägt, weil er in der Materie an sich verankert ist: Das Phänomen der seriellen Tötung lässt sich aufgrund der zum Teil sehr extremen Tatmerkmale (Kannibalismus, Verstümmelung, Zergliederung, Penetration der Leiche usw.) nicht betrachten, ohne Schauwerte der körperlichen Entgrenzung zu erzeugen, was einerseits den Mythos "Serienmord" verstärkt, aber andererseits erforderlich ist, um diesen Tötungstypus in seinem ganzen Ausmaß zu schildern und zu dem Bereich vorzustoßen, der in seinem Zentrum steht: Die fortgesetzte Tötung anderer Individuen ist pure Destruktion am Organismus – reine körperliche Interaktion. An dieser Beobachtung führt kein Weg vorbei. Eine Theorie oder eine Analyse, die sich mit Serienmord beschäftigt, bleibt oberflächlich, wenn sie das zerstörerische und zersetzende Moment dieser Gewaltform ausblendet. Dies ist der elementare Zugang zu seriellen Tötungen.

Hauptgegenstand der hier entwickelten Zeichentheorie ist also die Tat selbst. Die terminologischen, strukturellen und semiotischen Grundlagen dieses Handlungskomplexes sollen im nächsten Abschnitt zusammenfassend dargestellt werden.

5.2. Tat – Handlung – Zeichen: Ein systematischer Überblick

Die wesentlichen Begriffe sind im bisherigen Verlauf dieses Buches schon genannt worden. Sie sollen hier der Übersicht und Anschaulichkeit halber noch einmal in einem Schaubild aufbereitet und zueinander in Relation gesetzt werden:

HANDLUNGS-/ DEUTUNGSSEGMENTE	HANDLUNGS- /DEUTUNGSEBENE
TAT	**Ereignis/Handlungsgefüge**
TATHANDLUNGEN: **Einzelne Segmente** **des Handlungsgefüges**	**1. Ebene** **(operativ-kommunikativ)** *Sprachliche/Physische Interaktion* *zwischen Täter und Opfer*
SPUREN: **Materielles/Morphologisches** **Resultat der Tathandlungen** *(beinhaltet bewusst wie unbewusst* *gesetzte Zeichen, die in ihrer Ge-* *samtheit die sogenannte* *"TATERZÄHLUNG" ergeben)*	**2. Ebene** **(semiotisch-kommunikativ-** **narrativ)** *Semiotisch: Die Spur als deutbares* *Zeichen* *Kommunikativ: Die Spur als inten-* *dierte/nicht intendierte Mitteilung* *Narrativ: Das Spurenbild als mate-* *riell-physische Erzählung*

TATMERKMALE:	3. Ebene
Aus den Spuren abgeleitete Zu- schreibungen	(semiotisch)

Tatmerkmale	4. Ebene
⇩	(narrativ)
TATREKONSTRUKTION	*Sprachliche Rekonstruktion der Tat* *– auf der Grundlage der Tatmerk-* *male*

Das obige Schaubild zeigt aus semiotischer Perspektive die unterschiedlichen strukturellen Ebenen einer seriellen Tötung. Es fungiert als Orientierung für den folgenden Erklärungsansatz. Ergänzend sei hinzugefügt, dass sich die Handlungseinheiten eines Tatgefüges in dem hier gegebenen zeichen- und körpertheoretischen Kontext über drei verschiedene Zugangsebenen erschließen lassen:

(1) Über die sensuelle/kognitive Ebene

Die Ausübung physischer Gewalt impliziert in extremer Form ein sinnliches Erleben von Körperlichkeit, bei dem alle physiologischen Wahrnehmungssinne (Tast-, Seh-, Hör-, Geruchs-, Geschmackssinn) aktiviert werden können. Die Intensität und die Vielfältigkeit der Sinneseindrücke richtet sich jeweils nach dem Grad der körperlichen Involvierung. Die direkte gewalttätige Interaktion mit einem anderen Körper ist ein dynamischer und rhythmischer Bewegungsprozess, in dem sich der Täter körperlich als Selbst wahrnehmen und unterscheiden kann (siehe auch Katz 1988, 4 ff.).

(2) Über die funktionale Ebene

Jede Tathandlung ist gekoppelt an eine bestimmte Intention und erfüllt somit eine spezifische Funktion (z.B. Fixierung des Opfers ⇨ (a) Auf körperlicher Ebene: Restriktion ⇨ (b) auf direkt funktionaler Ebene:

Kontrollierung ⇨ (c) auf symbolisch/motivatorischer Ebene: Machtgewinn – vgl. hierzu das in Kapitel 3.2. skizzierte Gewaltkonzept, S. 42 f.).

(3) Über die semiotische Ebene
Siehe Schaubild oben: Diese Ebene umfasst alle während der Tat produzierten und nach der Tat rekonstruierten sprachlichen, bildlichen und körperlichen Zeichen und die mit ihnen verknüpften beziehungsweise assoziierten Zuschreibungen und Deutungsfelder.

Gleichfalls relevant ist der chronologische Ablauf einer Tat, welcher sich in Gestalt folgender Zeitfenster darstellen lässt:

VOR-TAT-PHASE	Verhaltensweisen, die zur Tat hinführen (Konstruktion des inneren Tatskripts, Beschaffung von Tatwerkzeug wie Waffe, Fesselmaterial u.a.)
TATPHASE 1	(Auswahl), Kontaktierung, Überwältigung des Opfers
TATPHASE 2	Gewaltsame Interaktion mit/am Opfer
TATPHASE 3	Tötungshandlung bzw. Eintritt des Todes aufgrund der vorhergehenden Gewalteinwirkungen
TATPHASE 4	Entsorgung, Zurschaustellung der Leiche, nekrophile Handlungen am Leichnam, Manipulation des Tatorts etc.

NACH-TAT-PHASE	Verhaltensweisen, die helfen, die begangene Tat nachzubereiten (Optimierung der Tatplanung, des Handlungsmodus usw.) oder die Erinnerung daran zu erhalten (z.B.: Aufbewahrung und Konservierung von Körperteilen und Organen der Opfer – wie im Fall von Ed Gein oder Jeffrey Dahmer).

Der zeitliche, räumliche und inhaltliche Verlauf der einzelnen Tatphasen divergiert – von Täter zu Täter, aber auch innerhalb einer Mordserie. Intervalle und Ausgestaltung sind unter anderem abhängig von Faktoren wie der Täter- und Opferpersönlichkeit, der Tatdynamik sowie der Fähigkeit des Täters, seinen Handlungsmodus zu verändern. Es gibt Serienmörder wie Theodore Bundy, die sich ihren Opfern über Gespräche nähern und versuchen, sie mit fingierten Geschichten an einen von ihnen kontrollierbaren Ort zu dirigieren. Andere Täter nähern sich ihren Opfern von Anfang an auf physischer Ebene – beispielsweise durch sogenannte "Blitzattacken" (wie etwa der englische Serienmörder Peter Sutcliffe, der nachts Frauen überfiel, sie mit einem Hammer bewusstlos schlug, um anschließend mit Messer oder Schraubenzieher auf sie einzustechen). Bei sadistisch agierenden Tätern liegt der Schwerpunkt in der Regel auf der Tatphase 1-3 (Fokus: vitale Reaktionen der Opfer), bei nekrophil orientierten Tätern sind diese Phasen in der Regel eher kurz gehalten. Ihre Aktivitäten konzentrieren sich auf Phase 4 (Fokus: Handlungen an den toten Körpern der Opfer). Bei der wiederholten Tötung von Schutzbefohlenen lässt sich Phase 1 schwer eingrenzen, weil die Opfer aus dem beruflichen oder persönlichen Umfeld des Täters stammen und sich die Täter-Opfer-Beziehung über einen längeren Zeitraum erstrecken kann, während die anderen drei Phasen nicht besonders ausgeprägt sein müssen. Im folgenden Erklärungskonzept werden primär physische Gewaltakte berücksichtigt, die in der Phase 2-4 anzusiedeln sind. Die vier eigentlichen Tatphasen werden flankiert von der "Vor-Tat-" und "Nach-Tat-Phase", die in ihrer zeitlichen Spanne gleichfalls divergieren können und sich daher nicht pauschal eingrenzen lassen. Alle sechs Phasen bilden einen Lebenszyklus, dessen Inhalt Mord ist. Auf die "Vor-Tat-Phase" folgt die Tatbegehung, welche in die "Nach-Tat-Phase" mündet, bis diese, eventuell unterbrochen von Zäsuren (Pausen, Krankheiten, Gefängnisaufenthalten u.a.), wieder in die "Vor-Tat-Phase" übergeht bis zur nächsten Tötung (Ressler et al. 1995, 45-67, 76 f.).

5.3. *BODYTALK* – Der Körper des Opfers als Zeichen und Austragungsort psychodynamischer Prozesse[55]

> *"Ähnlich wie man nicht nicht kommunizieren kann, kann man auch nicht nicht handeln. Das soll heißen: Wir handeln immer mit einer bestimmten Intention, und wie wir handeln, ist nicht unabhängig von unserer persönlichen Ausstattung, unserem kulturellen Erbe, unserer Biografie sowie unserer augenblicklichen Verfassung."*

> *Cornelia Musolff, Tausend Spuren und ihre Erzählung. Hermeneutische Verfahren in der Verbrechensbekämpfung (2001b, 176).*

Eine **Tötung** lässt sich definieren als eine **Abfolge von Handlungen** (Ausübung von Gewalt, verbale Drohungen, Gegenwehr etc.) und **körperlichen Reaktionen** (Blutungen usw.), mittels derer **Täter** und **Opfer** ein **zeitlich begrenztes** und **konkretes Ereignis** setzen.

Physische Handlungen erzeugen Spuren, Verletzungen, Wunden, Marken und Male – deutbare Zeichen am Körper des Opfers und im Umfeld des Tatorts. Diese materiellen, biologischen und morphologischen Zeichenträger können mit sinngebenden Bedeutungen belegt werden, deren primäre Funktion es ist, den Tathergang zu rekonstruieren – die Aktionen von Täter und Opfer nachzu-

---

[55] Die Ausführungen zu den psychodynamischen Prozessen basieren wesentlich auf einer persönlichen Mitschrift des Vortrages "Terroristische Phantasien und destruktives Agieren im Kindes- und Jugendalter: Zur Entstehung, Therapie und Prävention", den Prof. Dr. Peter Riedesser, Direktor der Abteilung für Psychiatrie und Psychotherapie des Kindes- und Jugendalters am Universitätsklinikum Hamburg-Eppendorf, am 16.05.2002 im Rahmen der Ringvorlesung "Die Welt nach dem 11. September" gehalten hat. Weitere Quellen: Canter 1994, 323-330 u. Ressler et al. 1995, 69-97.

vollziehen. Rückstände von Sperma können je nach Fundort und Konsistenz auf Geschlechtsverkehr hinweisen. Schnittverletzungen an den Fingerkuppen und Unterarmen des Opfers sind ein mögliches Indiz dafür, dass es sich gegen den Angriff des Täters gewehrt hat. Ob eine Gewalteinwirkung am Körper des Opfers vital oder post mortem zugefügt wurde, lässt sich anhand vorhandener oder fehlender Blutungen erkennen.[56] Weiterhin geben die am Tatort und an der Leiche des Opfers zurückbleibenden Zeichen Aufschluss über die Akteure selbst – über Täter und Opfer, welche während des Tatgeschehens entsprechend ihres persönlichen Hintergrundes sowie der ihnen in der Situation zur Verfügung stehenden Möglichkeiten agiert haben (u.a. Musolff 2001a, 3).

Eine Handlung ist stets intentional, ob sich ihr Urheber dessen bewusst ist oder nicht. Die Art und Weise, wie ein Individuum handelt, ist nicht nur abhängig von situativen Faktoren. Es ist auch ein Ausdruck der jeweiligen Persönlichkeit – der Lebensgeschichte eines Menschen. Denn jedes Individuum entwickelt im Verlauf seiner Sozialisation spezifische Fähigkeiten im Bereich der Wahrnehmung und Kognition, die es ihm ermöglichen oder ihn darin beschränken, sich selbst zu bewerkstelligen, in der Gesellschaft zu verorten, auf seine Umwelt zu reagieren und mit Anderen zu kommunizieren (Canter 1994, 298-301; Ressler et al. 1995, 15-32). Das lässt sich illustrieren an dem eingangs geschilderten Beispiel des Autofahrers, der auf seinem Schoß einen Totenkopf durch die Gegend fährt: Ist ein Beobachter derartige Skurrilitäten aus seiner eigenen Familie gewohnt, wird er sich nichts dabei denken. Verfügt er über eine ausgeprägte Fantasie, überlegt er sich vielleicht irgendeine fiktionale Geschichte. Ist er besonders misstrauisch oder ängstlich veranlagt, ruft er möglicherweise die Polizei. Und denkt er in normativen Schemata, so reagiert er eventuell mit Unverständnis.

Sich fortgesetzt über Tötungen zu definieren und mitzuteilen, legt den Schluss nahe, dass Serienmörder in einer bestimmten Phase ihrer Persönlichkeitsentwicklung an einen Punkt gelangt sind, der sie dazu bewegt hat, massiv außerhalb des sozial akzeptierten Rahmens zu agieren und ihre Denk- sowie Verhaltens- und Kommunikationsmuster in nicht tolerierte, destruktive Bahnen zu

---

[56] Siehe: Püschel/Schröer 2001, 213-255.

lenken. Viele Täterbiografien lassen vermuten, dass kindliche Traumata (bspw. im Fall von Kemper, Bundy u.a.) hierbei eine wichtige Rolle spielen beziehungsweise fehlende emotionale Bindungen zu primären Bezugspersonen, eine dysfunktionale Kommunikation sowie Körperlichkeit innerhalb der Familie (vgl. z.b. Dahmers Biografie: Masters 1995, 37-96) mit ausschlaggebend sein können. Solche traumatischen Erlebnisse und interfamiliären "Programmierungen" wirken häufig über Jahre tief unter der Oberfläche der Beziehungsgeflechte "Familie" und "Umwelt" und begleiten das Leben vieler Menschen. So lange das betreffende Individuum jedoch Zugang zu spezifischen kognitiven Strategien und Techniken hat (Selbstreflexion, Distanzierung, verbale Artikulierung des Problems u.a.), kann es das destruktive Potential dieser Konflikte im sogenannten "Als-Ob-Bereich" gedanklich verarbeiten oder mittels kultureller Zeichenkodes (Sprache, Bilder, Musik usw.) ausdrücken und konstruktiv bewältigen. Erlischt diese Möglichkeit, weil

a) bestimmte Erfahrungen als zu traumatisch empfunden werden,
b) das Individuum nur ein rudimentäres Repertoire an kognitiven und kommunikativen Strategien erlernt hat
   oder
c) sich diesen verweigert (was wiederum ein möglicher Hinweis auf massive Konflikte in der Lebensgeschichte ist),

so kann das Destruktionspotenzial nicht mehr im "Als-Ob-Bereich" – auf einer abstrakten symbolischen Ebene – benannt und ausagiert werden. Stattdessen findet eine Übertragung statt: Die eigenen Aggressionen manifestieren sich in den Vorstellungen des Individuums (vgl. Laplanche/Pontalis 2002, 550). Themen wie "Gewalt" und "Tod" nehmen in der Innenwelt einen zentralen Raum ein und werden somit zum dominierenden Persönlichkeitsfaktor, über den sich das Individuum identifiziert und als Selbst bewerkstelligt. Vollzieht sich parallel eine zunehmende soziale Isolation, so steigt die Gefahr, dass diese destruktiven Vorstellungen in ihrer Gewalttätigkeit eskalieren und sich schließlich in konkreten aggressiven und gewalttätigen Handlungen entladen (Körperverletzung, Vergewaltigung, Tötung usw.) (vgl. Ressler et al., ebd., 71-75). In einem solchen Fall vermag das betreffende Individuum nicht mehr die Transferleistung zwischen "KONFLIKT" – "BEZEICHNUNG" – "BEDEUTUNG" zu realisieren. Vielmehr findet eine direkte Verlagerung auf die materielle, körperliche, Ebene statt. Anstelle der Sprache wird der fremde Körper als Forum der Selbstäußerung gewählt. Das Unbenennbare, Nicht-Artikulierbare, wird auf den menschlichen Körper projiziert, der als Medium keinerlei Sprachlichkeit bedarf. Die Zeichensetzung erfolgt durch Gewalteinwirkung direkt am Organismus. Dies ist ein schlichter und effektiver wie zerstörerischer Mechanismus: Der physische Kommunikationsmodus des gewalttätig agierenden Individuums ist direkt und unmittelbar, weil er auf den Organismus als Ganzes abzielt und ebenso unvermittelt körperliche Reaktionen seitens des Opfers auslöst.

Auf das Phänomen serieller Tötungen angewendet, heißt das: Die Körper der Opfer fungieren als organische Repräsentanten für die Innenwelt des Täters: als Vexierbilder nicht verarbeiteter seelischer und/oder körperlicher Verletzungen, nicht integrierter Gefühle wie Ohnmacht, Wut, Angst oder Leere usw. Die den Opfern beigebrachten physischen Verletzungen und Manipulationen korrelieren implizit mit jenen körperlichen und seelischen Wunden, denen sich der Täter selbst ausgesetzt sah oder sieht. Oder: Sie korrespondieren mit jenem emotionalen und kognitiven Vakuum, welches mit einer intrapsychischen Entgrenzung einhergeht und das eigene Selbst sowie die Umwelt erst durch die Bewerkstelligung extremer Verhaltensweisen erfahrbar macht. In der Imagination und am Körper des Anderen versucht der Täter das umzusetzen, was ihm bisher versagt blieb: das Erleben von Macht, Intimität, Geschlechtlichkeit oder Kreativität etc. Auf diese Art werden die Leichen der Opfer, die semiotischen Stellvertreter des Täters, zu einer Plattform, über die er sein Destruktionspotenzial austrägt und sich als Individuum konstruiert. Diese körpersymbolische Funktion des Opfers lässt sich in den folgenden beiden Punkten zusammenfassen:

(1) Die verbale wie physische Interaktion mit dem lebenden/sterbenden Opfer markiert seitens des Täters eine Verlagerung eigener psychodynamischer Prozesse auf den Organismus/auf die Person des Opfers, welcher/welche im Zuge der körperlichen und gewaltsamen Zeichenproduktion zum Symbolträger der Bedürfnisse und Vorstellungen des Täters wird. (Ein Beispiel: Der US-amerikanische Serienmörder Edmund Emil

Kemper tötete Studentinnen u.a. deshalb, weil sie das Wertesystem seiner Mutter repräsentierten, die Sekretärin an einer Kalifornischen Universität war. Die Mutter-Sohn-Beziehung war geprägt durch Demütigungen und Verletzungen. So soll sie ihm vorgehalten haben, ein Versager zu sein, der niemals ein Mädchen von der Universität als Freundin haben würde.) (Douglas/Olshaker 1997a, 129)

(2) Die Leiche des Opfers wird zum Zeichenträger dieser gewalttätigen Interaktion und firmiert in Kombination mit dem Tat- oder Fundort als *Taterzählung*, über die sich der Täter bewusst oder unbewusst seiner Umwelt mitteilt und Sichtbarkeit verleiht.

Bartels spricht in diesem Zusammenhang von einer "semiotischen Störung", die es Serienmördern verwehre, sich über "Zeichen oder symbolische Repräsentationen zu artikulieren" und sie stattdessen auf den menschlichen Organismus zurückgreifen lasse (vgl. Bartels 1997, 166 f.). Bereits in diesem semiotischen Ansatz wird der Körper des Opfers als Ausdrucksmittel des Täters fokussiert und auf die semiotische Verschiebung des Symbolischen ins Körperliche verwiesen. Bartels argumentiert mit Theweleit, der Mördern eine Sprachlosigkeit während der Tötung bescheinigt, welche "endet, wenn der Körper des Opfers vollständig 'artikuliert' ist" (ebd.). Das vorliegende Konzept bildet eine Synthese aus diesen grundlegenden Erkenntnissen und kombiniert sie mit einem körperlich definierten Symbolbegriff: Der Täter äußert sich über seine Morde, überführt die Körper seiner Opfer in Zeichen und belegt sie mit individuell konnotierten Bedeutungen – gemäß seiner destruktiven Vorstellungen und Fantasien. Aus diesem Grund wird hier der Begriff des Symbols verwendet, welcher als eine willkürliche Setzung von Zeichen und Bedeutung definiert ist (vgl. auch Kap. 2.2., S. 15). Dieser Terminus erfasst am Ehesten den Aspekt der individuellen Zeichensetzung bei seriellen Tötungen, wenngleich diese an konventionelle kulturelle Kodierungen oder vorhergehende Fälle von Serienmord angelehnt sein können. Neben dem Symbol lassen sich auch andere Kategorien von Zeichen auf die körperliche Ebene serieller Tötungen übertragen:

a) Funktionale Zeichen

Hierunter sind beispielsweise Fesselspuren oder Druckstellen zu verstehen, die auf eine Fixierung des Opfers hindeuten. Sie können einerseits ein Symbol des Wunsches nach Kontrolle sein, aber andererseits lässt sich das Tatmerkmal der Fesselung auch dem sogenannten "Modus operandi" zuordnen, also jenen Verhaltensweisen des Täters, die zur praktischen Tatausführung notwendig sind und eine erfolgreiche Umsetzung der gewaltförmigen Selbstbewerkstelligung des Täters gewährleisten (hingegen kann eine parallele oder saubere Strickführung mitunter auf einen symbolischen Gehalt der Fesselung verweisen; ebenso eine Schnürung der Brüste und Genitalien) [57] (Püschel/Schröer 2001, 236 f.).

b) Metonymie

Dieser Begriff besagt, dass ein Teil für das Ganze steht. In Anlehnung an diese Definition lässt sich etwa das Entfernen des Uterus als metonymische Referenz auf die Weiblichkeit, genauer auf die Mutterfunktion, des Opfers verstehen.

c) Ikonische Zeichen

Terminus für Zeichen, die ein Lebewesen oder einen Gegenstand direkt abbilden – z.B. Fotografien, Zeichnungen. Diese Zeichenkategorie kann während oder nach der Tat in Erscheinung treten, wenn der Täter die Tötung mittels Foto oder Video dokumentiert, um sich den Tathergang nach dem Mord immer wieder vergegenwärtigen zu können.

An dieser Stelle sei nochmals ausdrücklich darauf hingewiesen, dass selbstverständlich jeder Fall individuell zu prüfen ist. Die hier genannten Beispiele dienen der Veranschaulichung. Sie haben keineswegs obligatorischen Charakter – zumal die Grenzen zwischen den einzelnen Tatmerkmalen bezüglich der ihnen zugrunde liegenden Intentionalität fließend sind. Handelt es sich beispielsweise um einen nekrophil operierenden Serienmörder, so kann der unmittelbare Tötungsakt sowohl der Kategorie der "Funktionalen Zeichen" zugewiesen werden, weil der Schwerpunkt auf jenen Tathandlungen beruht, die am toten Körper des Opfers vollzogen werden, als auch den beiden anderen Kategorien, weil die Tö-

---

[57] Eine gesonderte Situation liegt vor, wenn serielle Tötungsszenarien keine prägnanten Tatmerkmale aufweisen. Je unauffälliger die mit der Tat einhergehenden Charakteristiken sind, desto schwerer ist es, Zuschreibungen bezüglich der Täterpersönlichkeit zu treffen.

tungshandlung ebenso als Zeichen physischer Intimität interpretiert werden kann. Die konkrete Deutung ist abhängig von der jeweiligen Fallanalyse. Von pauschalen Kategorisierungen, wie sie etwa bei Lindner zu finden sind, ist abzusehen (vgl. Lindner 1999, 277). So bezeichnet Lindner Gewalthandlungen wie Erwürgen, Erstechen oder Leichenzerstückelung als sadistisch ausgeprägte Merkmale, was in dieser Generalisierung nicht zutrifft, sondern abhängig ist von der Dauer, der Intensität und der Platzierung der Gewalteinwirkung beziehungsweise davon, ob die Zerstückelung im vitalen oder postmortalen Zustand erfolgt ist. Letztere Faktoren führen zurück zu dem in Kapitel 3.2. skizzierten Gewaltkonzept (siehe S. 37-47), welches zentrale Anhaltspunkte liefert, um die im Kontext serieller Tötungen auftretenden physischen Tathandlungen auf ihre semiotische Funktion hin zu überprüfen. Die folgende Kurzübersicht soll noch einmal die wesentlichen Kategorien dieses Konzeptes in Erinnerung rufen und Aspekte aufzeigen, die bei Serienmorden besonders zu beachten sind:

Übertragung des multifaktoriellen und mehrdimensionalen Konzepts physischer Gewalt auf den Bereich serieller Tötungen:

(A) DIE STRUKTURELLE EBENE

I. Anzahl der beteiligten und involvierten Individuen
Serienmörder töten einzeln oder paarweise (z.B.: Henry Lee Lucas u. Otis Toole). Die Anzahl der Opfer, die sie während eines Tatablaufs töten, kann variieren.

II. Form der Gewalteinwirkung
Serienmorde sind häufig verbunden mit massiven bis extremen Gewalthandlungen (etwa Verstümmelungen), welche in der Regel entsprechende körperliche Traumatisierungen nach sich ziehen. Allerdings ist diese Aussage, wie Fälle

von serieller Patienten- und Kindstötung belegen[58], keineswegs zu verallgemeinern. Umgekehrt gilt jedoch: Je destruktiver die durch den Täter herbeigeführte Gewalteinwirkung ist, desto eher ist diese auf ihren semiotischen Inhalt hin zu prüfen. Das setzt voraus, dass der Kontext der Tötung eingegrenzt wurde, andere Ursachen wie Tierfraß (Püschel/Schröer 2001, 238) ausgeschlossen wurden und der physisch bedingte Handlungs- und Bewegungsspielraum des Opfers Berücksichtigung fand.

Das Spektrum der körperlichen Manipulation reicht hierbei von *"Äußerlich/Reversibel"* (Nahrungsentzug[59] etc.), *"Äußerlich/Irreversibel"* (Abschneiden von Körpergliedern usw.), *"Subkutan"* (Schnittverletzungen u.a.) bis hin zu *"Organisch"* (z.B. innere Verletzungen) (vgl. Kapitel 3.1., S. 28 f.). Das bedeutet: Der Tod des Opfers kann entweder das Resultat einer Reihe von Gewalteinwirkungen sein, die singulär nicht zwangsläufig zum Tode führen, oder sie sind das Ergebnis einer oder mehrerer Gewalteinwirkungen, die unmittelbar ein Versagen der elementaren Körperfunktionen auslösen.

III. Bewegungsrichtung
(Deformieren, Eindringen, Zergliedern)
In dieser Kategorie ist bezüglich serieller Tötungen keine nähere Spezifizierung möglich. Die bei Serienmorden verwendeten Tatwerkzeuge beziehungsweise Tötungsmodi sind sehr unterschiedlich (Erwürgen, Einsatz von Hieb-, Stich- und Schusswaffen, toxikologischen/ätzenden Substanzen etc.). Analog hierzu variiert jeweils die körperliche Bewegungsrichtung.

---

[58] Ein Beispiel hierfür ist der Fall des englischen Arztes Harold Shipman, der ca. 215 seiner Patienten getötet hat, indem er ihnen eine Überdosis an Heroin oder Insulin verabreichte. Die Morde blieben über Jahrzehnte unentdeckt und wurden wie natürliche Todesfälle behandelt. Erst als er das Testament eines seiner Opfer fälschte und deren Tochter eine Untersuchung gegen ihn anstrengte, wurde per Obduktion der exhumierten Toten die eigentliche Todesursache herausgefunden (siehe: http://www2.abendblatt.de/daten/2002/07/20/4909.html; sowie in Kap. 5.7.6., S. 133-136).
[59] In dauerhafter, fortgesetzter Form: Irreversibel. – Achtung: In diesem Zusammenhang sei nochmals daran erinnert, dass sich die Kategorisierung aus Kapitel 3.1. primär auf die semiotische Ebene bezieht und nur sekundär auf die medizinische rekurriert, denn aus medizinischer Perspektive haben schwerwiegende Eingriffe wie Amputationen natürlich massive Folgen für den gesamten menschlichen Organismus.

IV. Grad der Gewalteinwirkung

Siehe *Punkt II*: Bei Serienmorden zeichnet sich eine Tendenz zu schwerwiegenden physischen Gewalthandlungen ab. Die Schwere der Gewalteinwirkung richtet sich in der Regel danach, welche Körperregion/welches Organ in welchem Umfang betroffen ist. Es sei nochmals darauf hingewiesen, dass die Schwere der Gewalteinwirkung nicht zu verwechseln ist mit deren Folgewirkung: Erstere meint das sichtbare Ausmaß der morphologischen Schädigung (Größe der Wunde etc.), Letztere beinhaltet die konkrete Auswirkung für den Organismus (bspw., ob eine Verletzung unmittelbar lebensbedrohlich oder tödlich gewesen ist).

V. Dauer/Zeitliche Kontinuität der Gewalteinwirkung

Das zeitliche Ausmaß einer seriellen Tötung ist abhängig vom individuellen Schwerpunkt des Täters. Es gibt Serienmörder wie David Berkowitz, die ihre Opfer erschießen und danach den Tatort verlassen (Newton 2000, 15-18). Sadistisch orientierte Täter quälen ihre Opfer über Stunden, Tage, Wochen oder Monate (z.B. Gary M. Heidnik – siehe Kap. 5.7.3., S. 125). Nekrophil ausgerichtete Täter töten ihre Opfer relativ schnell, während sich die Manipulationen am toten Körper über einen längeren Zeitraum erstrecken können (wie etwa im Fall von Jeffrey Dahmer – vgl. Masters 1995). Rechtsmedizinisch lässt sich die zeitliche Spanne unter anderem daraus ersehen, ob und welche Verletzungen vital, ante mortem oder post mortem zugefügt wurden.

VI. Betroffene Körperregion(en)

Diese Kategorie ist für die Bestimmung eines eventuellen symbolischen Gehalts der Tathandlungen elementar wichtig – sofern Faktoren wie Tatdynamik und Körperphysiologie bedacht werden. Verletzungen im Gesichtsbereich, an den primären und sekundären Geschlechtsmerkmalen oder die Entnahme von inneren Organen deuten auf eine spezifische Zuschreibung seitens des Täters hin, welche geschlechtlich, sexuell oder anderweitig belegt sein kann.

VII. Verletzungsmuster

Diese Kategorie umfasst das gesamte Kaleidoskop der physischgewaltförmigen Zeichen und bildet die Schnittstelle zu den Punkten *II-VI*: Deren Bestimmung wäre ohne eine Analyse der Anordnung, des Ausmaßes, der Struktur, der Tiefe und des Verlaufs der Verletzungen gar nicht möglich.

VIII. Körperdistanz

Die unmittelbare und direkte physische Interaktion mit den Opfern spielt bei Serienmorden eine zentrale Rolle, wenngleich das körperliche Distanzverhältnis von Fall zu Fall – je nach Tötungsmodus – stark variieren kann. Die Benutzung einer Schusswaffe ist i.d.R. mit einer größeren Körperdistanz verbunden als der Gebrauch eines Messers oder der Einsatz des eigenen Körpers. Daher gilt folgende Regel: Je geringer das physische Distanzverhältnis zwischen Täter und Opfer ist, desto eher ist die Hypothese zu prüfen, ob das sensuelle Erleben körperlicher Intimität von Bedeutung für den Täter ist.

IX. Zielrichtung/Funktion der Gewalt

1. Ebene (körperlich): Restriktion, Versehrung, Zufügung von Schmerz, Tötung

2. Ebene (direkt funktional): Kontrollierung, Unterwerfung, Ausleben von Intimität, Destruktion, Auslöschung

3. Ebene (indirekt funktional – symbolisch/motivatorisch): Vergeltung, Hass, Ökonomischer Nutzen, Suche nach Nähe, Selbstverwirklichung, Erlangung von Macht, Verdeckung eines anderen Tatbestands

Alle hier genannten Ebenen und Funktionen können im Hinblick auf serielle Tötungen relevant sein, wobei Überschneidungen möglich sind. So können restriktive Maßnahmen seitens des Täters nicht nur auf eine Kontrollierung, sondern auch auf eine Unterwerfung des Opfers abzielen. Ebenso kann die Zufügung von Schmerz (z.B. durch Schläge) als kontrollerhaltendes Mittel benutzt werden oder das Ergebnis einer rein destruktiv angelegten Gewalthandlung sein.

X. *Formen gewaltbedingter Desintegration*
   (Reaktionsmuster während/nach der Gewalteinwirkung)
   (Desintegration des psychischen/sozialen Systems)

Dieser Faktor kommt vor allem bei sadistisch oder sexuell konnotierten Gewalthandlungen zum Tragen (z.b. bei Folter, Vergewaltigung).

Physische Gewalteinwirkungen können beim menschlichen Organismus verschiedene Reaktionen im Bereich der Wahrnehmung und der Kognition hervorrufen. Im Wesentlichen lassen sich zwei Reaktionsmuster voneinander unterscheiden:

(1) Die Körper- und Selbstwahrnehmung reduziert sich auf die Schmerzempfindung und enthebt das leidende Individuum seines Denk- und Handlungsspielraums als eigenständige Persönlichkeit.

(2) Es vollzieht sich eine innere Entkörperung: Das leidende Individuum spaltet sein Bewusstsein vom Körper ab und nimmt ihn nicht mehr als einen Teil seiner Selbst wahr. In beiden Fällen vollzieht sich eine psychische Desintegration. Das heißt, die physische und psychische Einheit des menschlichen Organismus wird durch die erlittene körperliche Gewalt gestört beziehungsweise aufgehoben. Indem das psychische System durch Schmerzimpulse in seiner Wahrnehmung manipuliert und blockiert wird, entsteht eine Dissoziation.[60]

Eine soziale Desintegration kann dann vorliegen, wenn ein Serienmörder seine Opfer in einer besonders exponierten Stellung platziert (bspw. entblößt, mit gespreizten Beinen, genital eingeführten Gegenständen), schriftliche Botschaften am Tatort oder an der Leiche hinterlässt und/oder in Kontakt mit Medien (und Polizei) tritt. In solchen Fällen lässt sich mutmaßen, dass der Täter beabsichtigt, das soziale System mittels seiner Mitteilungen zu irritieren – durch das Auslösen von Angst, Entsetzen und Verunsicherung.

---

[60] Dieses Phänomen lässt sich auch bei Vergewaltigungs- und Missbrauchsopfern beobachten. Hier kann die Dissoziation zu einer manifesten Verhaltensstrategie werden (siehe Zimbardo/Gerrig 1999, 610 f.).

(B) DIE KONTEXTUELLE EBENE

In dieser Kategorie lässt sich lediglich Punkt II näher spezifizieren. Punkt I und III werden hier der Vollständigkeit halber mit aufgeführt.

I. Situativer Kontext
(psychische/physische Konstitution, verbales/nonverbales Verhalten von Täter und Opfer, Verfügbarkeit von Waffen etc.)

II. Setting/Lebenswelt
Bei Serienmördern vollzieht sich die **Selbstbewerkstelligung** in der Regel über die **Individualebene**.

III. Psychosoziokultureller Kontext
(Denk-, Verhaltens- und Kommunikationsmuster, Deutungsschemata, physische Selbstdarstellungsmodi usw.)

Die oben dargestellten Kategorien markieren die zentralen Koordinaten im undurchsichtigen Netz serieller Tötungen. Sie ebnen den Zugang zu einer Reflexion und Analyse der bei Serienmorden auftretenden physisch-gewaltförmigen Zeichen und ihrer semiotischen Funktionen. Ergänzend sind folgende Fragestellungen zu berücksichtigen:

(1) Wie viele Tötungen lassen sich einer Serie zurechnen?
(2) Bei wie vielen dieser Tötungen wiederholen sich bestimmte Tatmerkmale?
(3) Um welche Tatmerkmale handelt es sich hierbei?

Solche Fragestellungen sind deshalb wichtig, weil nicht nur die Struktur und der Kontext spezifischer Tathandlungen Aufschluss über deren Stellenwert innerhalb der subjektiven Lebenswelt des Täters gibt, sondern auch die Anzahl der Wiederholungen im jeweiligen Tötungszyklus. Das heißt: Weniger auffällige Merkmale wie Schusswaffengebrauch bedürfen einer häufigeren Wiederholung, um Schlussfolgerungen hinsichtlich der Bedeutung dieses Merkmals ziehen zu können, während Tatelemente wie Nekrophilie oder Kannibalismus derart markant sind, dass Rückschlüsse bereits nach ein oder zwei Tötungen gezogen werden können (vgl. hierzu Canter 2003, 200 ff.).

Abschließend seien die Hauptpunkte dieses Kapitels noch einmal zusammengefasst:

(1) **Mord fungiert als semiotische Verschiebung nicht sprachlich artikulierbarer Persönlichkeitsanteile und Erlebnisse in den Bereich der körperlichen Gewalt.[61] Das nicht verarbeitete und integrierte innere Destruktionspotential, welches in Gewalt- und Mordvorstellungen präsent ist, entlädt sich in eine nach außen gerichtete Destruktion – am Körper des Opfers.**

(2) **Das Mordopfer wird durch diesen psychodynamischen Prozess zum semiotischen Repräsentanten des Täters – zum organischen Abbild seiner Innenwelt: seiner Vorstellungen und Bedürfnisse.**

(3) **Die am Tat-/Fundort und an der Leiche hinterlassenen Zeichen markieren die Koordinaten eines Handlungsgefüges, das in seiner Gesamtheit die *Taterzählung* bildet und die (Selbst-)Konstruktion des Täters widerspiegelt.**

---

[61] Die Sprache ist in diesem Zusammenhang nur als eine normkonforme Alternative von vielen zu verstehen. Weitere soziokulturell mehr oder minder akzeptierten Betätigungsfelder liegen im Bereich des Sports, der Künste oder der Musik.

Doch Serienmord ist nicht nur ein Forum der Selbstäußerung und Selbstbewerkstelligung, sondern auch ein Vehikel zur Kommunikation. Genauer gesagt,
ist der Kommunikationsaspekt bereits im Akt der Selbstartikulierung und
Selbstkonstruktion mit angelegt, denn der Täter setzt durch sie kommunizierba-
re und damit anschlussfähige Handlungen. An dieser Stelle setzt Luhmanns systemtheoretisches Konzept von Medium und Form an, das im nächsten Kapitel
vor dem Hintergrund serieller Tötungen aufgegriffen wird. Luhmanns Ansatz
verbindet die semiotische mit der kommunikationstheoretischen Perspektive
und markiert gleichzeitig einen Wechsel von der individualpsychischen zur sozialen Ebene.

5.4. Die Fragilität des Mediums – Die serielle Tötung als Akt der Kommu-
nikation und Selbstkonstruktion

Luhmanns Kommunikationstheorie wurde bereits in einem einführenden Kapitel (Kap. 2.3., S. 18-25) vorgestellt, wobei folgende Aspekte einen zentralen
Stellenwert einnahmen:

- Luhmanns Theorie beruht maßgeblich auf dem Prinzip der **Beobachtung** und dem der **Unterscheidung**: Ein bestimmter Sachverhalt wird
  von einer beobachtenden Instanz erfasst und mittels einer spezifischen
  Zuschreibung von einer nichtbenannten **Umwelt** unterschieden.
- Eine Unterscheidung kann **selbstreferentiell** (z.B. innerhalb eines **sozialen Systems**) oder **fremdreferentiell** (von außen) erfolgen.
- Jede Differenzierung beinhaltet stets zwei Seiten: eine bezeichnete und
  eine unbezeichnete. Durch die Benennung der einen, wird die andere
  automatisch mit eingeführt.

Diese drei Punkte sind die entscheidenden Parameter in Luhmanns systemtheoretisch orientiertem Kommunikationsansatz, welcher sich wie folgt auf serielle
Tötungen anwenden lässt:

Demnach lässt sich Serienmord als eine kommunikative Operation begreifen, über die sich der Täter innerhalb des sozialen Systems "Gesellschaft" gegenüber anderen psychischen Systemen differenziert oder von diesen als Individuum unterschieden wird. Denn der Täter setzt mittels seiner Tathandlungen ein Ereignis, welches (in Gestalt der zurückbleibenden Zeichen) in Information umgesetzt und mit einer Mitteilung belegt werden kann. Diese Aussage gilt sowohl für die unmittelbare körperliche Interaktion zwischen Täter und Opfer als auch für die sich anschließenden Tatrekonstruktionen seitens der Ermittler, Rechtsmediziner, Psychologen oder Journalisten. An deren Handlungen (z.B. spezielle Fahndungsmaßnahmen) und Falldarstellungen kann der Täter seinerseits wieder anknüpfen, indem er sich beispielsweise an die Medien wendet oder seinen Tatbegehungsmodus zu optimieren versucht[62] (Luhmann 1998, 70 f.). Was Luhmanns Theorie in diesem Zusammenhang auszeichnet, ist ihre mehrperspektivische Orientierung, die eine Berücksichtigung verschiedener Deutungsebenen und -schemata erlaubt. Da jede Unterscheidung eine benannte und eine unbenannte Seite enthält, zeichnet sich auch jede Tathandlung des Täters durch zwei Seiten aus: eine, die von ihm oder von außen markiert wird und eine, die unmarkiert bleibt, aber latent präsent ist und auf die jederzeit rekurriert werden kann (ebd.). Distinguiert sich ein Serienmörder beispielsweise über den Aspekt der körperlichen Sexualität, so birgt diese Differenzierung zugleich das Moment des Nicht-Sexuellen. Eine Zuschreibung kann nur deshalb bestehen, weil sie sich von anderen Deutungsinhalten abgrenzen lässt. Eine gezielte Beachtung dieser semiotischen Relativität gestattet die Einbeziehung komplexer, vielschichtiger und kontrastierender Deutungsfelder. Das heißt: Wird der Ermittler oder Fallanalytiker mit einem Tötungsszenario konfrontiert, das sexuelle Komponenten aufweist (z.B. Penetration des Opfers, Bisswunden im Brustbereich), so verfügt er bei Berücksichtigung dieser mehrdimensionalen Sichtweise über die Möglichkeit, unterschiedliche Deutungen in Betracht zu ziehen (sexuell/asexuell, Macht/Intimität usw.). Diese Erkenntnis ist nicht neu und wird zum Teil längst praktiziert (vgl. Musolff 2001b, 176 ff.). Theoretische Ansätze wie

---

[62] Ein Beispiel: David Berkowitz, der 1979 sechs Menschen in New York erschoss und schriftliche Mitteilungen am Tatort hinterließ, nutzte den Kontakt zu mehreren Zeitungen als Forum der zusätzlichen Selbstdarstellung (siehe z.B. Newton 2000, 15-18; Ressler/Shachtman 1992, 92-100).

der von Luhmann können jedoch dazu beitragen, solche kognitiven Verfahrensweisen zu stützen und zu vergegenwärtigen.

Des Weiteren ist zu betonen, dass Selbstbewerkstelligung, Selbstäußerung und Kommunikation Prozesse sind, die dem physisch-destruktiven Operationsmodus von Serienmördern immanent sind. Sie sind fest im jeweiligen Tatszenario installiert und werden automatisch über dessen Umsetzung vollzogen – unabhängig davon, ob sie seitens der Täter reflektiert oder intendiert sind. Konkrete Relevanz erlangen sie durch die Reaktionen und Operationen der Opfer sowie durch die kommunikativen Anschlusshandlungen externer Beobachter.

Die Begriffe "Medium" (lose Kopplung von Elementen) und "Form" (feste Kopplung von Elementen) nehmen bezüglich der körperlichen Kommunikationsebene bei Serienmorden eine Schlüsselfunktion ein. Dies bedeutet im Grunde nichts anderes, als dass der menschliche Körper als ein Forum der Zuschreibung dient und seitens des Täters, des Opfers sowie der potentiellen externen Beobachter mit unterschiedlichen Deutungsschemata versehen wird.

Der Körper des Opfers fungiert als Medium, über das sich der Täter als psychisches System konstruiert, indem er im Organismus des Anderen Spuren der Gewalteinwirkungen als unterscheidbare Formen hinterlässt. Schließen außenstehende Beobachter wie Ermittler, Rechtsmediziner oder Fallanalytiker kommunikativ an diese physischen Operationen an, werden die im Körper des Toten manifesten Verletzungen und Spuren wiederum in Medien transferiert, aus denen Rückschlüsse gezogen werden auf die eventuelle Tatwaffe, den Tatverlauf oder die Identität des Täters (bspw. durch DNA-Analyse). Ein solches Medium kann etwa eine Wunde sein, deren morphologische Struktur in Formen unterschieden wird (z.B. Analyse der Wundränder). Sie kann ein Indikator für den Grad und die Ursache der Gewalteinwirkung sein und Hinweise auf die biologisch bedingten körperlichen Verfallserscheinungen geben (Verwesungs- und Fäulnismerkmale). Dieser Prozess des Wiedereintritts einer Form in die Form, der von Luhmann als "re-entry" bezeichnet wird (vgl. Luhmann 1991, 167), lässt sich bis zur materiellen Aufspaltung in mikroskopisch kleine Einheiten durchführen (etwa in der forensischen Spurenanalyse).

Im Kern korrespondiert die Konstruktion von Medium und Form mit jenen semiotischen Mechanismen, die im letzten Kapitel thematisiert wurden, denn die Beobachtung und Differenzierung von Formen beinhaltet die Produktion von Zeichenträgern und Zeicheninhalten – mit dem Unterschied, dass die Zeichenherstellung hier in einem explizit kommunikativen Rahmen fokussiert wird: als Ergebnis von aufeinander folgenden und referierenden Operationen seitens der am Tatgeschehen und der an der Tatrekonstruktion beteiligten Systeme. Während dieser Kommunikationsprozesse findet ein Wechsel zwischen verschiedenen Zeichenkodes und Kommunikationsmodi statt. In diesem Mechanismus liegt eine essentielle Problematik serieller Tötungen begründet: Obwohl dieser Tötungstypus – je nach Kontext – auch sprachliche oder bildgebende Handlungen seitens Täter und Opfer umfassen kann, bildet die Ebene der körperlichgewalttätigen Interaktion den Mittelpunkt. Das heißt: Die Zeichen – die Medien und Formen – sind primär materieller beziehungsweise organischer Natur. Es wurde mehrfach darauf hingewiesen, dass bei der organischen Zeichenkonstruktion keinerlei abstrakte Zeichenebene (z.B. Sprache) zwischengeschaltet ist. Es ist die reine biologische Materie, die hier im Vordergrund steht und direkt in Zeichen überführt wird. Diese unmittelbar sensuell und neurologisch erfahrbare Qualität ist das wesentliche Merkmal einer körperlichen Zeichensetzung und Interaktion, welches sich mittels der abstrakten und nichtgegenständlichen Zeichenkodes wie Sprache, Bilder oder Musik zwar annähernd beschreiben, aber nicht reproduzieren lässt. Allerdings werden diese Körperzeichen von den beteiligten (Inter-)Aktanten durch die fortgesetzte Unterscheidung in Mitteilungen und Bedeutungsinhalte mehrfach mit solchen Zeichenebenen überlagert, die das Gegenständliche repräsentieren (etwa im Zuge der sprachlichen Tatrekonstruktionen). Die Leiche des Opfers firmiert demnach nicht nur als semiotisches Doppel des Täters, weil sich in ihr bestimmte individualpsychische Aspekte des Täters widerspiegeln, sondern auch, weil sie mittels verbaler, schriftlicher und bildlicher Bedeutungszuweisungen auf abstrakter Ebene semiotisch abgebildet wird und mit ihr jene Unterscheidungen, die als täterspezifisch angesehen werden. Auf diese Art und Weise entsteht eine weitere Stufe der semiotischen Verdopplung. Der menschliche Körper wird in 'Zeichen-Körper' transferiert. Diese These geht zurück auf Elisabeth Bronfen, die in ihrer Monografie *Nur über ihre Leiche* (1996) konstatiert, dass der menschliche Körper (Soma) durch die ihn repräsentierenden sprachlichen und bildlichen Zeichen (Sema) ersetzt und dadurch "semiotisch entkörperlicht" wird (ebd., 303 ff.). Verdopplung und Entkörperung sind zwei Seiten ein und desselben semiotischen und kommunikativen Prozesses: Eine semiotische Verdopplung – eine Überlagerung verschiedener Zeichenebenen – lässt sich nur bewerkstelligen, indem der menschliche Organismus seiner materiellen Körperlichkeit enthoben und durch abstrakte Zeichen repräsentiert wird. In Bezug auf Serienmorde bedeutet dies: Das Opfer wird durch die vom Täter und von den externen Beobachtern vorgenommenen Unterscheidungen materiell wie semiotisch entkörperlicht, in das Deutungsfeld des Täters und seiner Handlungen überstellt und somit zum semiotischen Doppel des Täters erhoben. Das Opfer wird also in mehrfacher Hinsicht seiner eigenen körperlichen und psychischen Identität beraubt: zum Einen unmittelbar durch die erlittene Gewalt beziehungsweise durch die Herbeiführung seines Todes und zum Anderen durch die fremdbestimmte Transferierung in den Lebenskontext eines anderen Individuums.

Die einzelnen Stufen der Entkörperung sollen im folgenden Schaubild rekapituliert und veranschaulicht werden. In der linken Spalte sind die unterschiedlichen, aufeinander aufbauenden Stufen-Segmente der Entkörperung dargestellt, in der rechten die analog dazu ablaufenden Prozesse im psychischen, somatischen und semiotischen Bereich.

STUFE	PROZESS
1. Stufe (Innerlich) – vollzieht sich im lebenden Organismus	Psychische Desintegration (Dissoziation)
2. Stufe (Körperlich-Semiotisch) – vollzieht sich am lebenden/toten Organismus	*I. Grad der semiotischen* *Verdopplung* Körper des Opfers als organischer Repräsentant des Täters/Bestand- teil der materiellen *Taterzählung*

	II. Grad der semiotischen Verdopp-lung
3. Stufe (Körperlich-Semiotisch-Kommunikativ) – vollzieht sich am lebenden/ toten Organismus + über sprachliche/bildgebende Ver- fahren	**Sender/Urheber: Kommunikative Operation** ⇩ **Adressat/Beobachter: Unterschei-dung von Formen (Zeichen) im Medium "Körper"** ⇩ **Kommunikativer Anschluss durch Handlung** ⇩ **Potentielle Folge:** **Weitere Aufsplitterung des Kör-pers** **in Medien und Formen** ⇩ **Überlagerung der körperlichen Zeichenebene durch sprachliche/ bildliche Signifikanten**

Dieser Vorgang der mehrstufigen Entkörperung und Unterscheidung ist gekoppelt an eine Reihe von Auflösungsprozessen, welche eine Instabilität und Vergänglichkeit des Mediums "Körper" und der in ihm differenzierten Formen zur Folge haben:

Serielle Tötungen sind als Szenarien physischer **Destruktion** biologisch determiniert. Die Gewalthandlungen bewirken eine Beendigung der organischen Lebensfunktionen. Es folgt die **Dekomposition** – die biologisch bedingte Zersetzung des Körpers, welche mit dessen Verschwinden endet (Prinzip der Autolyse). Auch hier lassen sich wiederum eine materielle und eine semiotische Ebene der körperlichen Auflösung beobachten. Der eben skizzierte Prozess der Dekomposition markiert die materielle Ebene, während die **Dekonstruktion** des toten Organismus in nahezu unendlich viele Unterscheidungen und Zuschreibungen quasi einer semiotischen Auslöschung gleichkommt.

Im Gegensatz hierzu ist der direkte Handlungsspielraum des Täters während der Tatbegehung limitiert. Er kann sich nicht beliebig über den Organismus des Opfers bewerkstelligen und mitteilen, denn der Zugriff auf die Ressource "Körper" ist aufgrund deren organischer Beschaffenheit materiell wie zeitlich begrenzt (vor allem im postmortalen Stadium). Es lassen sich nicht unendlich viele gewalttätige Handlungen und Manipulationen am lebenden oder toten Opfer vornehmen. Außerdem erlischt das Selbstkonstrukt des Täters in der Regel mit dem fortschreitenden biologischen Verfallsprozess. In dem Maße, in dem sich der Körper des Opfers auflöst, zerfällt auch das semiotische Doppel. Dadurch verschwinden jene Zeichen, über die sich der Täter im sozialen System von anderen psychischen Systemen unterscheidet beziehungsweise von diesen unterschieden wird. Das Moment der Auflösung – der Dekomposition – ist ebenso im Serienmord verankert wie das der Selbstäußerung und Kommunikation.

Die biologische Determinierung serieller Tötungen schließt den Aspekt der körperlichen Geschlechtlichkeit mit ein, welcher je nach Tötungsszenario mit soziokulturell definierten beziehungsweise individuell modifizierten geschlechtlichen Deutungsschemata überzogen werden kann. In diesem Zusammenhang lassen sich eine direkte und eine indirekte Ebene der geschlechtlichen Konstruktion unterscheiden:

(1) DIREKT

Mögliche Indikatoren:

a) Opfer gehören überwiegend dem männlichen oder weiblichen Geschlecht an.

b) Es werden sexuelle Gewalthandlungen (Vergewaltigung, Bondage etc.) ausgeführt.[63]

c) Es werden nicht-sexuelle Gewalthandlungen an den Geschlechtsorganen vorgenommen (Verstümmelung, Entfernung von Brüsten, Vagina, Uterus usw.).[64]

(2) INDIREKT

In Anlehnung an Kerstens Theorie der geschlechtlichen Selbstbewerkstelligung lassen sich Serienmorde auch dann als ein Forum zur geschlechtlichen Selbstkonstruktion begreifen, wenn sie auf körperlicher Ebene Tatmerkmale aufweisen, die nicht explizit geschlechtlich konnotiert sind. Ein Täter kann seine Vorstellung von "männlicher Hegemonialität" allein durch den Tatbestand der Tötung realisieren, welcher für sich genommen bereits die Bemächtigung eines Anderen anzeigt – ohne weitere Referenz auf die Geschlechtlichkeit des Opfers.

Die Tatsache, dass dieser Tötungstypus biologisch determiniert ist, bietet nicht zu letzt eine Erklärung für den Aspekt des Seriellen. Da der Körper des Opfers als Medium eine endliche Ressource darstellt, bedarf es weiterer Morde, um sich erneut über die Anwendung destruktiver und finaler Gewalt am fremden Organismus zu bewerkstelligen und mitzuteilen. Diese Schlussfolgerung gilt ausgehend von der Hypothese, dass der kommunikative Operationsmodus des Tötens aufgrund des inneren Destruktionspotentials des Täters ein kontinuierliches und zentrales Element seines Lebensszenarios ist, welches nicht auf gewaltfreiem

---

[63] Der Begriff der sexuellen Gewalthandlung bezeichnet die gewalttätige Umsetzung von Praktiken, die in einem soziokulturellen Verband sexuell konnotiert sind.

[64] Der Terminus der nicht-sexuellen Gewalthandlung meint hingegen jene Formen der Gewalteinwirkung, die im ursprünglichen Sinne nicht sexuell besetzt sind.

Wege artikuliert werden kann. Der Täter kann sich als Selbst nur im sozialen System unterscheiden und verorten, indem er fortgesetzt tötet und sich mittels der Ausübung physischer Gewalt über die Körper seiner Opfer semiotisch reproduziert. Dieser Prozess erinnert ein wenig an den antiken Mythos von Sisyphus, der dazu verurteilt wurde, unermüdlich einen Stein den Berg hinaufzurollen – ohne sein Werk jemals zu vollenden. In extremer Weise trifft dies in ähnlicher Form auf Serienmörder zu: Die Verletzlichkeit und Sterblichkeit des menschlichen Organismus ist eine Grundvoraussetzung ihrer Selbstbewerkstelligung und gleichzeitig bedingt sie deren Auflösung. Sobald der Täter symbolisch in jene Identität eintritt, die er über den Körper des Opfers konstruiert, verblasst diese bereits wieder und der Täter verschwindet in der Masse des sozialen Systems – bis zur nächsten Tötung (vgl. Seltzer 1998, 19 f.). Dieser morbide Kreislauf der Selbstinszenierung und Selbstartikulierung spiegelt sich in vielen Fällen darin wider, dass die Täter Gegenstände der Opfer entwenden, Leichenteile präparieren oder den Tathergang filmisch aufzeichnen, um zumindest einzelne Momente der Tat zu konservieren und sich ihrer zu erinnern.

Bezüglich des Serien-Begriffs sei hervorgehoben, dass dieser nicht als eine Reproduktion identischer Merkmale zu verstehen ist.[65] Die vom Täter ausgeführten Tathandlungen können innerhalb einer Mordserie von Tötung zu Tötung variieren. Die Verwendung eines bestimmten Inventars an Tatmerkmalen ist nicht zwingend erforderlich, um eine Serie zu konstituieren. Vielmehr ergibt sich die Serialität aus dem Kontext der Täterpersönlichkeit – aus der Einbettung in sein Lebensszenario, in dem die Morde jeweils einzelne Lebensepisoden markieren, die ein Abbild seiner Vorstellungen, Bedürfnisse, Erfahrungen und Fähigkeiten sind. Diese *Mordepisoden* lassen sich als Ereignisse interpretieren, die über ein und dieselbe *storyline* verfügen, weil sie von ein und demselben Individuum handeln, das in einer Reihe von Tatsituationen körperlich-gewalttätig mit anderen Individuen – mit seinen Opfern oder seiner sozialen Umwelt – interagiert und so die Themen, die sein Leben dominieren, zum Ausdruck bringt (Canter 1994, 304 f., 319 ff.). Personen, Orte, Zeiten und Operationen können wechseln. Doch der Hauptakteur sowie die Grundthemen und wesentlichen Deutungs- und

---

[65] Siehe zum Begriff der Serie: Hickethier 1991.

Identitätsschemata werden in der Regel beibehalten. Sie sind die konstanten Größen innerhalb der Serie.

Reflektiert der Täter sein Handeln während der Tatbegehung oder im Nachhinein mittels visueller Medien, so wird er zum *Zuschauer* seiner eigenen *Serie*, die er als *Autor*, *Regisseur* und *Akteur* zugleich fortsetzen und gestalten kann. Die Selbstbeobachtung erlaubt es ihm, mehrere Aspekte seiner selbst zu unterscheiden, zu bezeichnen und untereinander in Relation zu setzen. Eine solche Selbstreflexion kann sich etwa in einer speziellen Arrangierung oder Manipulierung des Tatablaufs zeigen, wodurch die serielle Tötung zu einem metareferentiellen Ereignis wird, das Zeichen ist einer individuell angelegten Lebensdramaturgie.

Ein Serienmörder konstruiert sich nicht nur wiederholt über seine Tötungen, sondern die Serialität selbst wird zu einem festen Bestandteil seines physisch-gewaltförmigen Handlungsmodus. So lässt sich nicht ausschließen, dass der Täter (einzelne) Gewaltakte im Zuge ihrer Wiederholung mit gesteigerter Intensität wahrnimmt und erlebt, was Einfluss auf die Ausprägung der jeweiligen Tatmerkmale haben kann.

Abschließend ist zu ergänzen, dass sich nicht nur der Täter über den Aspekt des Seriellen bewerkstelligt, sondern auch die externen Beobachter (siehe Ressler und Douglas). Diese schließen sprachlich an die sich körperlich manifestierende Mordserie des Täters an, wodurch ihr weitere *Episoden* hinzugefügt werden beziehungsweise ein *Spin-Off* der *Originalserie* kreiert wird. Die seriellen Rekonstruktionen der Beobachter können wiederum dem Täter einen Anknüpfpunkt für seine weiteren Morde bieten. Durch diesen seriellen Prozess der gegenseitigen Bezugnahme bildet sich ein Kreislauf, in dem Körper und Zeichen fortlaufend in Auflösung begriffen sind, um erneut Zuschreibungen und Bedeutungen zu (re-)produzieren.

✧

Nachdem in diesem Kapitel anhand des Luhmann'schen Konzepts von Medium und Form dargelegt wurde, dass sich Serienmorde als Akte körperlicher Kommunikation interpretieren lassen, stellt sich nun die Frage, welche kommunikativen Funktionen die einzelnen physischen Handlungssegmente in der Täter-Opfer-Interaktion erfüllen. Basierend auf Jakobsons Klassifizierung der Sprachfunktionen soll diese Problematik im folgenden Exkurs erörtert werden.

5.5. Die Kommunizierbarkeit des Nichtkommunizierbaren – Ein Exkurs

Neben Luhmanns Ansatz wurde zu Beginn auch Jakobsons Kommunikationsmodell vorgestellt, welches sich aufgrund seiner sprachtheoretischen Ausrichtung nur bedingt auf die physische Kommunikationsebene serieller Tötungen übertragen lässt. Was die Funktionalität körperlich-gewalttätiger Kommunikationsakte anbelangt, enthält es dennoch wertvolle Anhaltspunkte, die für ein systematischeres Verständnis der Interaktion zwischen Täter und Opfer (bzw. zwischen Täter und beobachtender Instanz) von Nutzen sein können. Grundsätzlich ist zu bedenken: Die nachfolgenden Überlegungen gelten nur für serielle Tötungen, bei denen zwischen der Kontaktierung der Opfer und ihrer Tötung eine gewisse Zeitspanne verstreicht. Bei ad hoc erfolgenden Tötungsakten entfällt eine körperliche Interaktion mit dem lebenden Opfer.

Zwecks besserer Anschaulichkeit wird Jakobsons Kommunikationsmodell nochmals in Kürze in seinen Grundzügen rekapituliert:

Jakobsons Definition des Kommunikationsakts (siehe Kap. 2.3., S. 19):

Der **Sender** übermittelt dem **Empfänger** eine **Nachricht**, für deren Verständnis drei Voraussetzungen gegeben sein müssen: (1) Es bedarf eines **Kontextes**, der sich auf die Mitteilung bezieht und sprachlich erfassbar ist. (2) Es ist ein **Kode** notwendig, der Sender und Empfänger geläufig ist. (3) Es ist ein **Kontaktmedium** erforderlich (räumliche oder zwischenmenschliche Beziehung zwischen Sender und Empfänger).

Im engeren Sinne lässt sich Jakobsons Definition nur auf sprachliche oder schriftliche Tathandlungen anwenden (z.b. verbale Drohungen, Anweisungen gegenüber dem Opfer, schriftliche Selbstdarstellungen, die an Medien, Ermittlungsbehörden oder Angehörige adressiert sind). Hier treffen alle drei der genannten Kriterien zu: (1) Es gibt einen situativen, sprachlich gebunden, Kontext, auf den Sender und Empfänger rekurrieren können. (2) Es wird ein Kode verwendet, der Sender und Empfänger bekannt ist. (3) Es existiert in der Regel ein direkter (körperlicher) Kontakt zwischen Täter und Opfer.

Im weiteren Sinne – im Rahmen einer körperlichen Interaktion – sind Jakobsons Kriterien nicht oder nur rudimentär erfüllt. Ein gewaltförmiges Ereignis wie Serienmord markiert eine höchst paradoxe Kommunikationssituation: Der Täter bemächtigt sich unter Einsatz physischer Gewalt des Opfers, versetzt es durch Verwundung – durch die Zufügung von Schmerz auf die körperliche Ebene – in einen existentiellen Ausnahmezustand und bannt es somit in seinen Lebenskontext, der dem Opfer fremd ist und von außen gewalttätig übergestülpt wird. Es wird in eine Situation versetzt, in welcher der Täter Aktionen setzt, auf die es zwangsläufig physisch reagiert und dadurch mit dem Täter in einen interaktiven Prozess eintritt. Obwohl dieser Kommunikationsprozess mit zum Teil unmissverständlichen neuronalen (Re-)Aktionsmustern einhergeht (etwa durch die gewaltsame Auslösung von Schmerzimpulsen), sind die Kenntnisse bezüglich Kode und Kontext auf beiden Seiten ungleich verteilt. Das Opfer unterscheidet zwar einzelne kommunikative Operationen (bspw. einzelne Gewaltakte wie Schläge, Stiche, Schnitte) und schließt an diese an (durch körperliche Reaktion), aber abgesehen davon, dass es sich einer lebensbedrohlichen Situation ausgesetzt sieht, weiß es nicht, vor welchem kontextuellen und semiotischen Hintergrund der Täter agiert und kann die seinen Handlungen innewohnenden Bedeutungen daher nur erahnen. Dementsprechend wird sein Aktionsradius sowohl durch die physischen Gewalteinwirkungen beschränkt, als auch durch die individuellen Kontextbezüge und Kodierungen des Täters, welche für das Opfer unbekannte und gefährliche Größen darstellen. Aus dessen Perspektive erschwert dies eine Bewerkstelligung eventuell lebenserhaltender Maßnahmen und Strategien erheblich (körperliche Gegenwehr, sprachliche Ablenkungs- oder Beschwichtigungsversuche usw.), denn deren Ausgang ist – je nach Tatsituation – nicht abschätzbar. Sie können ihm die Flucht ermöglichen oder zu einer Eskalierung im Verhalten des Täters führen. Im Gegensatz zum Täter hat sich das Opfer in der Regel nicht über Jahre intensiv und massiv mit Gewalt- und Tötungsvorstellungen auseinandergesetzt, so dass es durch den Übergriff unvermittelt in das Lebensszenario eines anderen Individuums katapultiert wird, dessen Regeln und Operationsmodi es nicht kennt, während der Täter sein Denken und Verhalten auf diese spezielle Situation hin konditioniert hat.

Wie kommt diese paradoxe Kommunikation zustande? Das entscheidende Moment liegt in der besonderen Ausgangslage serieller Tötungen begründet. Jakobson geht in seiner Definition des Kommunikationsaktes implizit von der Zielvorgabe aus, dass Sender und Empfänger eine Verständigung anstreben. Die Intentionalität von Serienmorden besteht jedoch nicht im kommunikativen Austausch, sondern in der egozentrierten Selbstbewerkstelligung und Selbstäußerung des Täters, welche nur insoweit auf eine Verständigung mit dem Opfer ausgerichtet sind, wie dies der Tatrealisierung und der Transportierung der eigenen Botschaft förderlich ist. Da diese Art der gewalttätigen Selbstinszenierung in der Regel gekoppelt ist an spezifische Persönlichkeitsfaktoren (fehlende Empathie, hohes Destruktionspotential etc.), bleibt dem Opfer wenig bis kein Spielraum, mittels eigener kommunikativer Operationen zum Täter durchzudringen. Es gibt keine Aushandlungsbasis zwischen Täter und Opfer: Jede Signalisierung des eigenen Leidens seitens des Opfers steigert das Lustempfinden des Täters und bestätigt ihn in seiner hegemonialen Position.[66] Ihre kommunikativen Standpunkte sind jeweils diametral entgegengesetzt. Dennoch handelt es sich bei seriellen Tötungen um Akte körperlicher Kommunikation. Schließlich werden physische Äußerungen produziert, auf die der andere Organismus reagiert und neue Mitteilungen setzt. Im Zuge dieser kommunikativen Handlungen vollzieht sich allerdings – stärker als bei der regulären (sprachlichen) Kommunikation –

---

[66] Achtung: Der Begriff "Lust" ist in diesem Kontext nicht sexuell definiert, sondern im Sinne einer erwünschten sensuellen Empfindung zu verstehen.

eine Verschiebung zwischen dem vom Sender intendierten Zeicheninhalt und der vom Empfänger zugewiesenen Bedeutung, weil beide auf unterschiedlichen Deutungs- und Zuschreibungsebenen agieren, ohne dass eine Beziehung zwischen diesen Polen zustande käme. Aus diesem Grund ist die körperliche Interaktion zwischen Täter und Opfer als Ausdruck einer gescheiterten Kommunikation zu bewerten, wenngleich sie aus der Sicht des Täters, der sein Endziel der Tötung erreicht hat, erfolgreich gewesen sein mag. Aber dies ist ein Trugschluss: Wenn das tötende Individuum selbst in seiner Kommunikation mit anderen menschlichen Organismen in der Selbstfokussierung verhaftet bleibt, bildet es sich vielleicht durch seine Operationen im Anderen ab, doch seine Selbstäußerung gleitet ins Leere. Sie findet im anderen Individuum keine wirkliche Resonanz, so dass es sie fortlaufend wiederholen kann, ohne je einen Kontakt außerhalb der Grenzen seines Selbstkonstruktes herzustellen. Es verbleibt im Stadium der Selbstbespiegelung.

Der Aspekt der Selbstzentrierung ist ein wichtiger Parameter hinsichtlich der kommunikativen Funktionalität von physischen Tathandlungen, welche im Folgenden thematisiert wird:

Die kommunikativen Sprachfunktionen nach Jakobson (siehe ebd.):

(1) **Referentielle** Funktion (**kontextbezogen** – Beispiel: "Ich gehe ins Kino.").

(2) **Emotive** (bzw. **expressive**) Funktion (**senderbezogen** – Beispiel: "Der Film ist langweilig.").

(3) **Konative** Funktion (**empfängerbezogen** – Beispiel: "Lass uns gehen.").

(4) **Phatische** Funktion (bezogen auf den **Kommunikationskanal** – Beispiel: "Du hast einen guten Geschmack.").

(5) **Metasprachliche** Funktion (bezogen auf den verwendeten Kode – Beispiel: "Habe ich dich richtig verstanden?").

Die erste Kategorie der referentiellen Funktion ist im Hinblick auf Serienmorde wenig sinnvoll, weil die Mehrzahl der körperlichen Gewaltakte auf den individuellen Kontext des Täters verweisen und ein Indikator für dessen destruktives Gewaltszenario sind. Der Erkenntniswert dieser Kategorie lässt sich daher als relativ gering einstufen. Ebenso wenig geeignet ist die metasprachliche Funktion, da ein Kommunizieren über (physische) Kommunikation ohne Sprache nicht möglich ist. Die Aushandlung des Kodes lässt sich nicht rein körperlich bewerkstelligen, weshalb diese Kategorie hier gleichfalls vernachlässigt wird.

Von eigentlichem Interesse sind die nächsten drei Kategorien: die expressive, die konative und die phatische Funktion. Erstere nimmt aufgrund der Selbstreferenzialität serieller Tötungen einen zentralen Stellenwert ein, während die anderen beiden Funktionen vor allem im praktischen Bereich der Tatumsetzung zu verorten sind. Sie haben den Zweck, einen reibungslosen Ablauf der Tat zu gewährleisten. Eine Gewalthandlung erfüllt beispielsweise dann eine konative (empfängerbezogene) Funktion, wenn sie eingesetzt wird, um das Opfer zu kontrollieren und zu lenken. In diesem Fall ist die kommunikative Operation des Täters einseitig kanalisiert und zielt überwiegend auf das Opfer und sein Verhalten ab. Gewalthandlungen mit phatischer Funktion, welche auf den Kommunikationskanal referieren, sind intentional ähnlich gelagert. Sie dienen der Selbstbehauptung des Täters als autoritäre Instanz sowie der Sicherstellung der Aufmerksamkeit und des Gehorsams des Opfers.

Die kommunikativen Funktionen von Serienmorden lassen sich systematisch wie folgt darstellen:

FUNKTIONAL AUSGERICHTETE OPERATIONEN
(Primärziel: Sicherstellung der Tatrealisierung)

ZIEL:

STEUERUNG
MANIPULIERUNG ———————▶
KONTROLLIERUNG
(opferbezogen)

MÖGL. HANDLUNGEN Z.
ZIELERREICHUNG:
Fixierung
Stumpfe Gewalteinwirkung
(Schläge)
Körperliche Bekräftigung
verbal angedrohter Gewalt
(z.B. mittels Messer)

KONATIVE FUNKTION
(Fokus: Empfänger)
PHATISCHE FUNKTION
(Fokus: Kommunikationskanal)

SELBSTREFERENTIELL AUSGERICHTETE OPERATIONEN
(Primärziel: Ausdruck/Umsetzung von Vorstellungen und Bedürfnissen)

ZIEL:

SELBSTMITTEILUNG   ⟶

SYMBOLISIERUNG

MÖGLICHE HANDLUNGEN
ZUR ZIELERREICHUNG:
Sexuelle Gewalthandlungen
(Postmortale)
Verstümmelungen
Folter
Arrangierung der Leiche
(täterbezogen)

EXPRESSIVE FUNKTION
(Fokus: Sender)

Die in der obigen Systematik skizzierten funktionalen Korrespondenzen stimmen mit jenen überein, die zuvor im multifaktoriellen und mehrdimensionalen Gewaltkonzept entworfen wurden. Diese Analogie lässt sich dadurch erklären, dass jede (Gewalt-)Handlung untrennbar mit dem Element des Kommunikativen verknüpft ist. In Anlehnung an Luhmann ließe sich sagen, dass sie zwei Seiten ein und desselben Gegenstandes sind, die nicht voneinander losgelöst betrachtet werden können, weil ein Individuum mit jeder Handlung auch einen kommunikativen Akt setzt. Die hier dargelegten Kommunikationsfunktionen markieren demnach eine Ergänzung zu den bisher präsentierten Zugangsebenen in der semiotisch-körpertheoretischen Analyse serieller Tötungen.

Mit diesem Exkurs enden die Ausführungen zur körperlich-gewaltförmigen Kommunikation. Damit steht nach Semiotik und Kommunikation noch ein wichtiger Sektor aus, nämlich die Erzählung. Sie soll in Gestalt der bereits erwähnten *Taterzählung* erörtert werden.

5.6. Ulysses in der Unterwelt – Serienmord als Akt des *Erzählens*

> *"The narratives with which we are concerned*
> *are expressed in violent actions and the traces*
> *left in the aftermath of those crimes. They are*
> *like shadow puppets telling us a life story in a*
> *stilted, alien language."*
>
> *David Canter, Criminal Shadows. Inside the*
> *Mind of the Serial Killer (1994, 302)*

Die *Taterzählung* bildet den Abschluss des hier vorgestellten Theorieansatzes. Sie umfasst die Gesamtheit aller im Tatzusammenhang produzierten und kommunizierten Zeichen. Das heißt, sie ist die Summe dessen, was der Täter über seine physischen Handlungen äußert und mitteilt. In ihr verschmelzen die Lebensgeschichte des Täters und die Leidensgeschichte des Opfers zu einem gewalttätig bewerkstelligten körperlichen wie materiellen *Erzählkomplex*. Aus der

Täterperspektive ist dieser durch eine doppelte Struktur gekennzeichnet: Zum Einen korrespondiert die *Taterzählung* mit der Biografie des Täters und zum Anderen stellt sie eine Episode seines Lebens dar und ist somit selbst Bestandteil seiner Geschichte. Diese *Mordepisoden* dienen dem Serienmörder als Plattform zur sinngebenden Lebensgestaltung. Sie lassen sich interpretieren als ein gewaltförmiges Erleben von Spannungsmomenten. Ein drittes erzählendes Moment ist das innere Skript des Täters, welches in der Regel als Vorlage für die Tatumsetzung fungiert und sich aus den Gewalt- und Mordvorstellungen speist (vgl. Canter 1994, 302 ff.). Dieses imaginäre Tötungsszenario lässt sich verstehen als eine Art von Matrix – als ein grobes Schema, das in seiner Ausprägung und Konfiguration je nach Täter graduell variiert. Bei Serienmördern, die relativ spontan agieren und auf jene Ressourcen zurückgreifen, die sie am Tatort vorfinden, ist das Szenario beispielsweise wesentlich offener angelegt, als bei Tätern, die ihre Tötungen detailliert planen und ihr eigenes Tatwerkzeug mit sich führen.[67]

Was geschieht, wenn sich ein Serienmörder der Gefahr bewusst ist, dass er über die Tötungen spezifische Aspekte seines Operationsmodus beziehungsweise seiner Persönlichkeit offenbart?

In solchen Fällen generiert die *Taterzählung* zum gezielten Produkt einer mehr oder minder sorgfältig durchdachten Inszenierung. Deren Handlungssegmente werden unter Berücksichtigung ihrer potentiellen Rezeption durch außenstehende Instanzen selektiert und kombiniert. Auf diese Art und Weise schafft der Täter eine *Erzählperspektive*, die nicht mit seiner individuellen Sichtweise übereinstimmen muss, sondern nach außen nur das mitteilt, was er die Umwelt wissen lassen will.

---

[67] An dieser Stelle sei auf Oevermanns Konzept der objektiven Hermeneutik verwiesen, das ein maßgebliches methodologisches Instrumentarium der "Operativen Fallanalyse" (BKA) darstellt, auf der These, dass jedes Individuum mittels seines sozialen Handelns symbolische Bedeutungs- und Sinneinheiten produziert, welche er als "Spurentexte" bezeichnet (vgl. Musolff 2001b, 157 ff.). Der Ausgangsgedanke eines sinnkonstituierenden Operierens korrespondiert mit der Grundannahme in diesem Buch. Der Unterschied besteht darin, dass Oevermann in seinem Ansatz den Prozess des textgeleiteten Analysierens fokussiert, während hier die semiotische Funktion und Struktur des Körperlichen im Mittelpunkt steht. Letzteres erfordert eine weitergehende Ausdifferenzierung der unmittelbaren Tatbegehung und der nachfolgenden Tatrekonstruktionen in verschiedene Ebenen der Zeichenherstellung und -deutung.

Obwohl Serienmord primär nicht über Sprache, sondern über körperliche Gewalt bewerkstelligt wird, erfüllen die mit diesem Tötungstypus einhergehenden Tatkonstruktionen die in Kapitel 2.1. genannten Erzählkriterien (siehe S. 11 f.):

- Sie markieren ein zeitlich gebundenes Ereignis.
- Sie sind das Resultat
    1) einer **Auswahl** von Operationen (Tathandlungen),
    2) die unter Einnahme einer bestimmten **Perspektive**
    3) in eine zeitliche und räumliche Abfolge gebracht werden (**Anordnung**),
    4) so dass spezifische Kausalzusammenhänge entstehen (**Verknüpfung**).

Das bedeutet: Die *Taterzählung* wird produziert, indem der Täter sich für ein Tötungsszenario entscheidet und dieses in Relation zur Tatsituation und -dynamik verwirklicht. Je nach Grad seiner Selbstreflexion nimmt er dabei entweder eine Perspektive ein, die vorrangig mit seiner Innenwelt korreliert (etwa bei einem symbolisch ausgerichteten Tatszenario), oder er versucht, sich in die Sichtweise eines möglichen Rezipienten hineinzuversetzen, um einer eventuellen Interpretation vorzubeugen oder diese zu behindern. Vor diesem Hintergrund erfolgen die Tathandlungen in einer zeitlich und räumlich strukturierten Reihenfolge, so dass sich die einzelnen Gewaltakte zumindest partiell zueinander in Beziehung setzen lassen. So lässt sich beispielsweise eine fragmentarische Chronologie der zugefügten Verletzungen erstellen, indem diese klassifiziert werden (u.a. Bestimmung des Eintritts- und Austrittswinkels, der Massivität, des Verletzungstypus: Fixierungs-, Abwehrverletzung usw.) und festgestellt wird, ob sie vital oder post mortem beigebracht wurden.

Im Falle der extrospektiv ausgerichteten Tatkonstruktion stehen dem Täter verschiedene Strategien zur Verfügung:

FUNKTIONSEBENE	TATEBENE	*ERZÄHLEBENE*
	(1) ENTSORGUNG *Verstecken, Vernichten der Leiche des Opfers*	(1) NEGIERUNG *Ausblendung des Gesche- hens*
	(2) ENTSTELLUNG *Verstümmeln, Entfernen markanter Identitätsmerk- male des Opfers*	(2) VERZERRUNG *Verfremdung des zeitli- chen, operativen Ablaufs, der Täterperspektive usw.*
Manipulation	(3) ZERGLIEDERUNG *Zerstückeln der Leiche*	(3) FRAGMENTIERUNG *Aufsplitterung des Hand- lungs-/ des Identitätsgefüges*
	(4) FUNKTIONALISIERUNG *Gebrauch einer spurenar- men Tötungsart*	(4) INTERNALISIERUNG *Verlagerung der Handlung auf eine tiefere, verborge- ne Strukturebene*
	(5) IMITATION *Vortäuschen eines natürli- chen oder durch Unfall herbeigeführten Todesfalls bzw. eines anderen Tatkon- textes (zum Beispiel: Raubmord)*	(5) ÜBERLAGERUNG *Überdeckung des Haupt- geschehens durch eine Scheinhandlung*

Hervorhebung	(6) EXPONIERUNG *Symbolhafte Gewalt- handlungen am Körper des Opfers zwecks Hin- terlassung gezielter Mit- teilungen (vaginale/ a- nale Einführung von Gegenständen, Platzie- rung der Leichen in ausgestellter Position usw.)*	(6) EXPLIZIERUNG *Metareferentiell: Bezugnahme auf den Aspekt des Mitteilens und Erzählens*

Die ersten fünf Praktiken, welche dem Oberbegriff der Manipulation zugeordnet sind, sollen vorwiegend den Zweck erfüllen, vom eigentlichen Tatgeschehen abzulenken, dieses zu verbergen oder eine Identifizierung der Beteiligten zu verhindern.[68] Die Exponierung hingegen lässt sich als eine Hervorhebung klassifizieren, weil sie auf die Sichtbarmachung der Tat oder einzelner Tatelemente abzielt. Jede dieser Operationsstrategien korreliert mit einem entsprechenden *Erzählmodus*, der sich auf die *erzähltechnische* und semiotische Ebene serieller Tötungen bezieht. Die Termini, welche für die einzelnen, parallel zueinander stehenden Kategorien verwendet wurden, referieren auf ähnliche Prozesse, die in unterschiedlichen Kontexten angesiedelt sind (entweder in dem des Handelns oder dem des *Erzählens*).

Die in der Aufstellung genannten Handlungsstrategien lassen sich allerdings nur auf der Grundlage des gesamten Tatkontexts beurteilen. Je nach Fallkonstellation kann ihre Funktion nicht nur sekundärer, sondern auch primärer Natur sein – nämlich dann, wenn sie eingesetzt wird, um das in den Tötungen artikulierte

---

[68] Im bisherigen Serienmord-Diskurs werden unterschiedliche Begriffe verwendet, um den Sachverhalt der Tatmanipulation zu beschreiben. Dern differenziert etwa zwischen "Tat-" und "Tarnhandlung" (Dern 1994, 47 ff.), Douglas/Olshaker zwischen "Inszenierung" und "Arrangierung". Ersteres beinhaltet körperlich-symbolische Handlungen, Letzteres körperlich-funktionale Operationen (1997a, 299).

Hauptbedürfnis des Täters zu realisieren.[69] Eine solche Unterscheidung zu treffen, ist mitunter schwierig. Verstümmelungen im Gesichtsbereich können etwa ein Indiz dafür sein, dass der Täter versucht hat, das Opfer zu depersonalisieren (im Sinne einer Bemächtigung durch Raub der Identität) (vgl. Hoffmann 2001a, 107), oder sie lassen sich als Maßnahme zur Verhinderung einer Identifizierung des Opfers interpretieren (im funktionalen Sinne zur Erschwerung potentieller Ermittlungen). Darüber hinaus ist nicht auszuschließen, dass ein Täter im Besitz fachlichen Wissens ist und beispielsweise absichtlich sexuell konnotierte Spuren hinterlässt, um einen entsprechenden Kontext herzustellen. Ein möglicher Faktor bei der Erkennung und Einordnung körperlicher Manipulationen ist der Grad des physischen Aufwandes und Einsatzes seitens des Täters. So gilt als grobe Orientierung: Je aufwendiger, exakter und sorgfältiger die physischen Operationen des Täters sind, desto eher sind sie auf eine primäre Bedeutung hin zu prüfen (Beispiel: Art der Schnittführung bei der Leichenzergliederung).

Die *Taterzählung* erlangt ihre Konturen und ihre Sichtbarkeit erst durch den Blickwinkel des Betrachters. Anders als bei literarischen oder mündlichen Erzählungen formiert sich der Korpus nicht aus sprachlichen Zeichen, sondern aus organischer Materie. Das Tatkonstrukt eines Serienmörders vermag zwar einige der strukturellen Kriterien des Erzählens in sich zu vereinigen, aber es basiert auf körperlicher Interaktion und nicht auf sprachlichen Konventionen. Das Erzählen wird in diesem Fall durch das Geschehen selbst vollzogen und nicht umgekehrt. Somit sieht sich der externe Beobachter in der Analyse serieller Tötungen einer doppelten Problematik ausgesetzt:

(1) der, sich einem materiellen Tatkonstrukt mittels des Sprachlichen anzunähern,
(2) der, die Hauptthemen einer Tat innerhalb der möglicherweise manipulierten *Taterzählung* zu unterscheiden.

---

[69] Im Falle von Punkt 1 "ENTSORUNG" ist beispielsweise nicht auszuschließen, dass einige Serienmörder mit anderen Teilnehmern des sozialen Systems gezielt über das Element der Abwesenheit kommunizieren, indem sie durch die Auslöschung eines Individuums eine Lücke in der Gesellschaft erzeugen, welche bei den anderen psychischen Systemen Emotionen wie Angst und Verunsicherung evoziert.

In diesem Zusammenhang sei auf Susanne Krasmann verwiesen, die Deleuze mit den Worten zitiert: *„Was man sieht, liegt nie in dem, was man sagt."* (Krasmann 1995, 252). Diese Aussage unterstreicht die These, dass der materielle und visuell wahrnehmbare Gehalt von Serienmorden sprachlich niemals vollständig erfasst werden kann, weil sich beim Wechsel von der körperlichen auf die abstrakt-semiotische Ebene automatisch eine Verschiebung in der Zuschreibung von Bedeutung vollzieht.

Basierend auf dem hier vorgestellten Erklärungsansatz sollen im Folgenden einige ausgewählte Tatmerkmale (Sadismus, Sammeln von Tatrelikten etc.) interpretiert werden, die in fachlichen Darstellungen von Serienmord-Fällen verortet sind. Auf diese Weise wird anschaulichreflektiert, wie Serienmörder körperlich über und mit ihren Opfern kommunizieren beziehungsweise sich über diese bewerkstelligen.

5.7. *WUNDKÖRPER* – Eine exemplarische Analyse von Tatmerkmalen im Kontext serieller Tötungen

Während die *Taterzählung* für das gesamte Spurenbild steht, markieren die Tatmerkmale einzelne Handlungs- und Verhaltensmodi, die im Zuge der Tatrekonstruktion aus den identifizierten Spuren abgeleitet werden. Die Kategorie der Tatmerkmale wurde für die folgenden Kurzanalysen als Untersuchungsgegenstand gewählt, weil sich in ihr einerseits der Aspekt der Kommunikation und Selbstbewerkstelligung verdichtet, und sie andererseits die Berücksichtigung eines möglichst großen Spektrums an Fallvarianten erlaubt. Die Operationen, mit denen die Merkmale korrespondieren, zeugen in ihrer körperlichen Destruktivität von unterschiedlicher Qualität und Intensität. Eine Abgrenzung ist dennoch schwierig, weil ihre Übergänge fließend sind. So lassen sich beispielsweise alle Gewaltakte außer nekrophilen und sadistischen Handlungen am lebenden und toten Organismus vollziehen (Beispiel: Skalpierung). Ebenso ließe sich diskutieren, ob die Zufügung von Bissverletzungen ein sadistischer oder kannibalistischer Akt ist. Des Weiteren enthalten die Operationsmodi vieler Serienmörder eine Kombination mehrerer Charakteristiken.[70] Aus diesem Grund ist es treffender, sich die Tatmerkmale nicht als eine lineare und fest umrissene Kategorie vorzustellen, sondern als eine Gruppe von Koordinaten, die untereinander vernetzt sind und je nach konkretem Tatmuster in verschiedenen Konstellationen Parameter für die Fallanalyse darstellen.

5.7.1. Nekrophilie: Die Unterscheidung im sich auflösenden Körper

Der Begriff der Nekrophilie dient als Zuschreibung für Tathandlungen, die am toten menschlichen Körper bewerkstelligt werden. Ursprünglich wird dieser Terminus im Sinne einer sexuellen Fixierung auf Leichen gebraucht (siehe Marneros 1997, 47). In dem hier gegebenen Kontext wird er in einer neutraleren Definition benutzt und beinhaltet alle Handlungen an der Leiche, die nicht primär funktional ausgerichtet sind.

Die Bandbreite an Gewalthandlungen, die sich an der Leiche des Opfers vollziehen lassen, ist vielfältig (vgl. (Rajs et al. 1998; Ressler/Shachtman 1998, 297):

- Penetration von Körper- und Wundöffnungen
- Einführung von Gegenständen in Vagina oder Anus
- Verstümmelung/Entfernung der primären und sekundären Geschlechtsmerkmale
- Skalpierung/Häutung
- Entnahme von inneren Organen
- (partielle) Zergliederung
- Zurschaustellung der Leiche
  etc.

---

[70] Ein Beispiel: Jeffrey Dahmer penetrierte die Leichen einiger Opfer, weshalb er sich dem nekrophil agierenden Tätertypus zurechnen lässt. Zum Teil praktizierte er mit ihnen jedoch Geschlechtsverkehr, bevor er sie tötete. Die Zerstückelung der Leichen erfüllte bei ihm eine doppelte Funktion. Einerseits diente sie der Entsorgung der Toten und andererseits fungierte sie als vorbereitende Maßnahme für die weitere Selbstinszenierung Dahmers (Masters 1995).

Beim nekrophil orientierten Operationsmodus liegt der Schwerpunkt nicht auf der personellen Interaktion zwischen Täter und Opfer. Diese spielt allenfalls eine sekundäre Rolle. Stattdessen steht die Selbstunterscheidung des Täters im toten und sich zersetzenden Körper des Anderen im Zentrum. Im Gegensatz zur Kommunikation mit dem lebenden Organismus koppelt nicht mehr das menschliche Individuum an die Gewaltakte des Täters an, sondern einzig sein Soma, welches durch die Tathandlungen (de-)konstruiert wird. Dies hat zur Folge, dass Operationen mit opferbezogener Funktion (konativ/phatisch) weitgehend entfallen und solche mit expressiver Funktion überwiegen. Der Täter versucht also nicht, die Tatsituation zu kontrollieren, indem er restriktiv auf das lebende Opfer einwirkt, sondern er schafft mit der Tötung des Opfers von Anfang an einen Zustand absoluter Kontrolle. Erst ab diesem Zeitpunkt vermag er sich über dessen Körper selbst zu bewerkstelligen und zu äußern, woraus sich eine gewisse Unsicherheit beziehungsweise Unfähigkeit in der sprachlichen und physischen Selbstbehauptung gegenüber anderen – selbstbestimmten – Individuen schlussfolgern lässt. Intimität und Individualität können nur durch die Berührung und Gestaltung eines leblosen Körpers erlebt werden – wie etwa durch den Vollzug sexuell konnotierter Handlungen. Aber der Tötungsakt hat in diesem Fall nicht ausschließlich eine kontrollierende Funktion. Vielmehr ist der Aspekt der körperlichen Auflösung ein wesentliches Moment, über das sich der Täter als Selbst unterscheidet. Die Selbstbewerkstelligung am toten Körper geht mit taktilen, olfaktorischen und optischen Eindrücken einher, die gegen alle ästhetischen Konventionen verstoßen. Das bedeutet, der Täter differenziert sich sowohl über den Akt des Tötens, als auch über die mit dem Tod des Opfers einsetzenden körperlichen Verfallserscheinungen. In dieser sich physisch und sensuell äußernden Faszination an der menschlichen Leiche und ihrem Verfall manifestiert sich das Destruktionspotential des Täters. Positiv besetzte Elemente wie Emotionalität und Nähe, die mit anderen Individuen nicht erfahren werden können, werden destruktiv ausagiert. Doch indem der Täter seinen Lebensmittelpunkt in der 'Gesellschaft' Toter sucht, potenziert sich der Grad seiner eigenen sozialen Isolation. Das lässt sich verdeutlichen am Fall von Dennis Nilsen, der von 1978 bis 1983 insgesamt 15 Männer ermordete, indem er sie strangulierte. Die Leichen bewahrte er über Monate in Plastiksäcken unter den Dielenbrettern seiner Wohnung auf, bis der Verwesungsprozess soweit fortgeschritten war, dass er sie entsorgte. Die Toten waren seine "Hausgenossen" (Meierding 1993, 13), in deren 'Anwesenheit' er fern sah, die er badete, ankleidete und zu sich ins Bett legte, um sie zu berühren und sexuelle Akte an ihnen vorzunehmen (vgl. ebd., 11-14; Newton 2000, 172 f.).[71] Nilsen, der nicht dazu in der Lage war, stabile und längerfristige Beziehungen zu lebenden Individuen aufzubauen, versuchte an seinen toten Opfern das auszuagieren, was ihm auf anderem Wege versagt blieb. Sein Operationsmodus ist im privaten Bereich anzusiedeln. Anders als bei der Exponierung der Leiche ist es nicht das Ziel, eine nach außen sichtbare Botschaft zu lancieren, sondern im Verborgenen ein individuelles Lebensszenario zu verwirklichen, das den Alltag des Täters bestimmt. Das Opfer wird zu einem Objekt erhoben, welches der Täter fast nach Belieben in seinen persönlichen Kontext transferieren kann – indem er, wie Nielsen, es wie eine Puppe ausstaffiert und arrangiert. Hierbei ist zu bedenken, dass das Opfer im Zusammenhang nekrophiler Handlungen gleich in zweifacher Hinsicht als Objekt fungiert:

(1) durch den Missbrauch als Plattform und Projektionsfläche für die Selbstbewerkstelligung und Selbstmitteilung des Täters,
(2) durch die finale Degradierung vom lebenden Subjekt und Organismus zur in Auflösung begriffenen Körperhülle zwecks Ermöglichung der unter (1) genannten täterspezifischen Selbstinszenierung.

Semiotisch gesehen, wird die Leiche des Opfers durch die morphologischen Manipulationen mit Zeichen ausgestattet, welche den toten Organismus von einer biologisch konnotierten Leiblichkeit in eine andere Form der Körperlichkeit überführen, die durch die Vorstellung von Tod und Verwesung geprägt ist und in welcher der tote Körper zu einer semi-artifiziellen, der Auflösung preisgegebenen, organischen *Skulptur* ummodelliert wird. In diesem paradoxen, weil destruktiven, Gestaltungsprozess offenbart sich ein kreierendes Moment in der Zerstörung, das dem Täter scheinbar die Macht verleiht, den menschlichen Körper in seiner Versehrtheit, Sterblichkeit und in seinem Sexus 'neu' zu definieren. Wenngleich Serienmörder in ihren Tatszenarien auf individuelle Vorstellungswelten rekurrieren, so sind diese in der Regel jedoch an bestehende soziokultu-

---

[71] Brian Masters, der eine Biografie über Nilsen geschrieben hat, gab dieser den treffenden Titel "Killing for Company" (Masters 1986).

relle Deutungsmuster angelegt (Canter 1994, 310 f.): So lässt sich etwa die Entfernung des weiblichen Uterus als eine Referenz auf Zuschreibungen wie "Mütterlichkeit" und "Reproduktion" interpretieren. Das tote, weibliche Opfer wird durch diese Gewalthandlung in seiner biologischen Geschlechtlichkeit neutralisiert und damit in seiner soziokulturell konnotierten Weiblichkeit gebannt. Der Täter befriedigt sein Bedürfnis nach hegemonialer Männlichkeit nicht nur über die Tötung selbst, sondern auch über diesen postmortal bewerkstelligten Akt geschlechtlicher Neutralisierung.

Jeffrey Dahmer hingegen schnitt einigen seiner männlichen Opfer die Bauchhöhle auf und "ejakulierte [zwischen die Organe]" (Masters 1993, 179). In diesem Fall wird eine Körperregion, die originär asexuell konnotiert ist, in einen Sexualakt eingebunden und somit in die Sphäre des Sexuellen verlagert. Indem Dahmer seine eigene Körperlichkeit in die nekrophile Handlung integriert, unterscheidet er sich physisch – über die Herstellung körperlicher Intimität – in dem sich zersetzenden Organismus.

Die Aktionsmuster nekrophil orientierter Serienmörder weisen eine heterogene Struktur auf. Sie unterscheiden sich jeweils:

(1) im Kontext
("privater"/"öffentlicher" Rahmen),
(2) im Grad der physischen Einwirkung/Destruktion
(Berührung < Verstümmelung)
(3) in ihrer Zielrichtung
(je nach Art der psychodynamischen Verschiebung: Fokus auf Befriedigung des Bedürfnisses nach Intimität, sexueller Selbstbewerkstelligung, Macht, Autonomie u.a.)

Findet beim nekrophilen Operationsmodus eine physische Differenzierung im Körper des toten Opfers statt, so ist es beim nächsten Tatmerkmal, dem Kannibalismus umgekehrt: Dort erfolgt die Selbstunterscheidung des Täters durch Einverleibung des anderen Organismus.

5.7.2. Kannibalismus: Die Unterscheidung des anderen Körpers im eigenen Organismus

Kannibalismus wird in der Regel am toten Organismus ausgeübt, weshalb er häufig dem Bereich der Nekrophilie zugeordnet wird und unter dem Begriff der Nekrophagie firmiert (vgl. Marneros 1997, 45-47). Dementsprechend vollziehen sich kannibalistische Akte primär auf rein körperlicher beziehungsweise organischer Ebene. Die Täter-Opfer-Interaktion ist auch hier eher von sekundärer Bedeutung. Anders verhält es sich in Fällen, in denen Kannibalismus am lebenden Opfer vollzogen wird – beispielsweise durch die Zufügung von Bisswunden oder durch die Entfernung und den Verzehr organischen Gewebes. Dieser Operationsmodus hat eine eigene Qualität und lässt sich zumindest teilweise dem nächsten Merkmal des Sadismus zurechnen.[72] Es ist eine Mischung aus dem sensuellen Erleben des Schmeckens, Beißens und Kauens sowie der dynamischen Interaktion mit dem Individuum, das dieser Gewalteinwirkung ausgesetzt ist und massiven Schmerz erleidet.

Das Blut des Opfers zu trinken, ist eine weitere Variante, welche zum Beispiel, wie beim deutschen Serienmörder Fritz Haarmann, während des Tötungsaktes erfolgen kann (Lessing 1996). Abgesehen vom sensuellen Gehalt dieser Handlung, lässt sich dieser Akt als eine körperlich-symbolische Dopplung des realen Tötungsvorganges interpretieren. Das Opfer stirbt nicht nur in Folge der Gewalteinwirkung (und des Blutverlustes), sondern das Trinken des Blutes markiert gleichzeitig auf physisch-semiotischer Ebene eine Absorbierung – eine Inbesitznahme – des Lebens, denn schließlich gilt Blut als dessen Sinnbild, um das sich zahlreiche Vorstellungen und Mythen ranken (z.B. der fiktionale Vampir-Mythos).

Der am toten Körper verübte Kannibalismus ist bei Serienmorden oftmals eingebettet in den soziokulturellen Kontext des Kochens und Essens. Vom US-amerikanischen Serienmörder Albert Fish ist überliefert, dass er Körperteile seiner kindlichen Opfer nach selbst kreierten Rezepten zubereitet und gegessen hat

---

[72] Der US-amerikanische Serienmörder Theodore Bundy ist ein Beispiel für einen sadistisch-kannibalistisch handelnden Täter, der einigen seiner Opfer Bisswunden zugefügt hat (Douglas/Olshaker 1997a, 311).

(Bourgoin 1993, 85-108). Durch diese Form der Inszenierung wird ein Ereignis, das im sozialen System als "abnorm" besetzt ist, in die Sphäre alltäglichen Lebens transferiert und zu einem Erlebnis stilisiert, das sinnlich erfahrbar ist und vom Täter ausgekostet wird. Auf diese Art kann er sich über den eigentlichen Tatablauf hinaus selbst bewerkstelligen und von seiner sozialen Umwelt distinguieren. Das spezifische Moment, das den Kannibalismus von allen anderen Merkmalen – auch vom nekrophilen Geschlechtsakt – unterscheidet, besteht darin, dass er Teile vom Körper des Opfers in seinem eigenen Organismus differenziert, indem er sie sich einverleibt. Diese Integration des anderen Körpers im eigenen Leib lässt sich als eine nach innen gewendete Selbstinszenierung charakterisieren, bei welcher die direkte Kommunikation auf physischer Ebene entfällt und im semiotischen Bereich eine Inkorporierung der Zeichen vollzogen wird, die nach außen nicht zu erkennen ist. Das heißt, der Täter konstituiert seine Körperlichkeit über das Essen des menschlichen Fleisches, was zumindest partiell die organische wie semiotische Auflösung der Leiche im Körper des Täters zur Konsequenz hat. Dieser Prozess lässt sich als eine introspektive semiotische Verdopplung bezeichnen, bei dem der tote Organismus, im Gegensatz zu (anderen) nekrophilen Praktiken, nicht als äußerer Stellvertreter des Täters fungiert. Dieser Akt des Einverleibens zeugt von einer absoluten physischen Intimität, welche in ihrer destruktiven Intensität ein singuläres Ereignis bleibt und sich allenfalls an weiteren Opfern wiederholen lässt. Ein anderes Individuum durch eine kannibalistische Handlung zu entkörperlichen, impliziert zugleich eine totalitäre Form der physischen Bemächtigung, weshalb dieser Operationsmodus als ein Versuch der Machtherstellung gedeutet werden kann.

Ein weiteres mögliches Deutungsmuster ist im religiösen Bereich zu finden. Denn in Anlehnung an das christliche Ritual des Abendmahls, bei dem der Leib und das Blut von Jesus Christus durch Wein und Hostie symbolisiert werden, lässt sich Kannibalismus als eine Art von "Kommunion" interpretieren, mit der sich der Täter in einem körperlich-semiotischen Szenario selbst huldigt (vgl. Bartels 1997, 167). Im Falle von Jeffrey Dahmer, der ebenfalls das Fleisch einiger seiner Opfer gegessen hat und zudem plante, einen Altar aus den Gebeinen und Schädeln zu errichten, lässt sich konstatieren, dass seine Selbstinszenierung pseudoreligiöse, egotheistische Züge trägt (Masters 1995, 314 ff.).

5.7.3. Sadismus: Die Unterscheidung im leidenden Körper

Unter dem Begriff des Sadismus sind in der Regel jene Gewalthandlungen zu verstehen, die am lebenden Organismus realisiert werden und auf eine explizite Hervorrufung von Schmerzempfindungen abzielen (vgl. Sofsky 1997, 85-102). Anders als bei den beiden zuvor reflektierten Tatmerkmalen der Nekrophilie und des Kannibalismus ist die physische Interaktion mit dem Opfer ein zentraler Aspekt sadistisch motivierter Gewaltakte. Die Operationen des Täters sind einzig darauf ausgerichtet, über das destruktive Moment des Schmerzes mit dem Opfer zu kommunizieren und sich über dessen Leid zu konstruieren – zwecks Herstellung einer vermeintlich hegemonialen Position, aus Freude am Quälen oder zur Kompensierung innerer Leere – um drei maßgebliche, potentielle Intentionen einer sadistisch orientierten Selbstbewerkstelligung zu nennen.

Die Möglichkeiten physischer Folter sind nahezu unbegrenzt und lassen sich graduell variieren, denn "jede Stelle des Körpers, jede seiner Haltungen, Bewegungen und Regungen kann als Angriffspunkt der Quälerei benutzt werden". Die Ausübung sadistischer Gewalthandlungen bedarf keiner besonderen Fachkenntnisse seitens des Täters und bleibt überwiegend seiner Fantasie sowie seinem "Alltagsverständnis für die Schmerzreaktionen des menschlichen Körpers" überlassen (ebd., 94 f.). Anbei seien zur Veranschaulichung einige sadistische Praktiken aufgelistet:

- Verletzungen und Verstümmelungen mittels scharfer, stumpfer oder spitzer Gegenstände (z.B.: Nadeln, Schere, Zange, Hammer)
- Dehydratisierung
- Zufügung von Bisswunden
- Anwendung von Elektroschocks
- Einführung von Gegenständen in den Genitalbereich (bspw. scharfe und metallene Objekte wie Messer oder Rohre)
- Beibringung von Verbrennungen

Bei kommunikativen Operationen am lebenden Opfer sind die morphologische und die neuronale Ebene involviert. Schmerz ist regulär ein körperlicher

Schutzmechanismus, über welchen sich der Organismus physisch von der Umwelt differenzieren und in ihr orientieren kann. Im Kontext serieller Tötungen fungiert Schmerz als Kommunikationsmedium (ebd., 74 ff.). Indem der Täter durch Gewalteinwirkung Schmerzimpulse im Körper des Opfers auslöst, unterscheidet er in diesem Medium Formen (Schmerzempfindungen), die sich in den jeweils betroffenen Körperregionen lokalisieren. Nach außen spiegelt sich dieser physiologische Prozess in optisch oder auditiv wahrnehmbaren Reaktionen des Opfers wider (etwa in der Artikulierung sprachlicher Laute, in Form von Reflexbewegungen usw.). Diese dienen dem Täter als Informationsträger bezüglich des Schmerzgrades und der psychischen wie physischen Konstitution des Opfers. Kommunikativ kann er an diese Beobachtungen und Unterscheidungen durch weitere Gewalthandlungen anschließen. In diesem Operationsmodus ist die Paradoxie der körperlichen Kommunikation zwischen Täter und Opfer evident. Im Mittelpunkt steht nicht der gegenseitige Austausch von Äußerungen und Mitteilungen, sondern eine seitens des Täters einseitig gestaltete 'Dialogführung', über die er sich am Opfer bewerkstelligt, indem er gewaltsam auf dieses einwirkt und dessen Verhalten in passive, reaktive Bahnen lenkt. Das Leid des Opfers interessiert ihn nur insofern, als dass er versuchen wird, dieses so weit wie möglich zu steigern – bis zum Eintritt des Todes. Das Opfer wird zu Lebzeiten seiner Subjektivität beraubt und vom Täter als Vehikel seiner Selbstinszenierung missbraucht. Sofsky schreibt:

"In der Hand des Täters wird der leidende Körper zu einem einzigartigen Werkzeug der Macht. Die Gewalt ruft den Schmerz hervor, macht ihn sichtbar, legt ihn bloß. Sie reißt Wunden und bringt den Gepeinigten zum Schreien. [...] Die Gewalt erstickt die Sprache im Schmerz, und sie entwindet, entreißt den Schmerz der Innenwelt des anderen. [...] Er macht den Menschen zum Leib ohne Stimme, okkupiert den Schmerz als Insignium seiner Macht und unterdrückt sogleich dessen Ausdruck."

(Ebd., 95)

In aller Klarheit beschreibt Sofsky hier, wie das Gewalt erleidende Individuum mittels Folter seiner Sprachlichkeit enthoben und in den Bereich des Körperlichen gebannt wird. Diese massive Beschneidung des eigenen Aktionsradius erschwert es dem Opfer, als psychisches – selbstbestimmtes – System an die Gewalthandlungen des Täters anzukoppeln und die eigenen Interessen zu artikulieren und einzubringen (bspw. durch physische Gegenwehr, Flucht). Je stärker sich der Täter gewalttätig am Opfer artikuliert, desto eingeschränkter ist dieses in seiner individuellen Selbstbewerkstelligung. Um ein (eigenständiges) Handeln des Opfers zu verhindern beziehungsweise zu steuern, greifen viele Täter zusätzlich auf sprachliche und körperliche Kontrollmechanismen zurück (z.b.: Fesselung, verbale Einschüchterung).

Folter lässt sich nur limitiert anwenden. Ihre Häufigkeit und Intensität richtet sich nach verschiedenen Faktoren wie etwa der Temperatur und der Luftzufuhr am Tatort sowie dem physischen Allgemeinzustand des Opfers. Jede Gewalteinwirkung am lebenden Opfer birgt die Gefahr einer gesundheitlichen Beeinträchtigung oder eines möglichen Versagens der Lebensfunktionen (ebd., 102). Mit jeder Verletzung, die dem Opfer zugefügt wird, steigt die Wahrscheinlichkeit, dass dieses stirbt. Sadismus lässt sich daher entweder als ein Tötungsakt interpretieren, der in einzelnen Sequenzen vonstatten geht, oder als eine Reihe von Handlungen, an die sich die eigentliche Tötungshandlung anschließt. Doch mit dem Tod des Opfers verliert der primär sadistisch agierende Täter in der Regel das Interesse am Körper des Anderen. Der tote Organismus wird für ihn zur Makulatur, den es abzulegen oder zu entsorgen gilt.

Gary Heidnik ist ein Beispiel für einen sadistisch agierenden Serienmörder. Er entführte mehrere Frauen und hielt sie in einer Grube gefangen, die er im Keller seines Hauses in Philadelphia ausgehoben hatte. Heidnik vergewaltigte seine Opfer regelmäßig, setzte sie unter Nahrungsentzug, quälte sie mit Elektroschocks oder indem er ihnen das Trommelfell mit einem Schraubenzieher durchstieß. Er wurde zusätzlich des Kannibalismus verdächtigt, weil bei der polizeilichen Hausdurchsuchung menschliche Überreste in einem Kochtopf gefunden wurden (vgl. Bourgoin 1995, 250). Heidniks Operationsmodus als Täter wäre somit eine Mischform aus sadistischen und kannibalistisch-nekrophilen Elementen. Lawrence Bittaker und Roy Norris folterten und ermordeten mehrere Frauen in einem eigens dafür präparierten Lieferwagen, dem sie laut

Douglas/Olshaker den Spitznamen "Murder Inc." gegeben haben sollen (1997a, 205). In den beiden hier angeführten Exempel schaffen sich die Täter einen speziellen festen oder mobilen Raum, den sie extra als Plattform für ihre sadistischen Selbstinszenierungen konstruieren und gemäß ihren Vorstellungen von Erniedrigung, Unterwerfung und Quälung ausstatten.

5.7.4. Sexuelle Gewalthandlungen am lebenden Organismus: Die geschlechtliche Unterscheidung im Sexus des Opfers

Die körperliche Sexualität ist ein elementarer Bereich in der Austragung soziokulturell definierter Geschlechtlichkeit (vgl. Laqueur 1992). Männer, Frauen und Transsexuelle verorten sich in ihrer geschlechtlichen Konstruktion wesentlich über ihren Sexus – sei es selbstreflexiv oder in der Interaktion mit anderen psychischen Systemen. Auf diese Weise werden Vorstellungen von Männlichkeit und Weiblichkeit adaptiert, modifiziert oder verworfen. Der sensuelle Gehalt physisch bewerkstelligter Sexualität ist ein weiterer wichtiger Aspekt, welcher Erfahrungen von Lust und Intimität mit einschließt.

Im Gesamtkontext der Selbstbewerkstelligung markiert dieses Geschlechtskonstrukt ein zentrales Moment der psychosozialen Identität eines Individuums. Es ist ein integraler Bestandteil der Selbst- und Fremdunterscheidung im sozialen System. Gleiches gilt unter den Vorzeichen einer destruktiven geschlechtlichen Selbstbehauptung auch für Serienmörder, welche sexuelle Gewalthandlungen an der Leiche (siehe Abschnitt 5.7.1. zur Nekrophilie) oder am lebenden Organismus vollziehen können, um folgende Ziele zu erreichen:

(1) Herstellung einer männlich (weiblich) definierten Hegemonialität
(2) Erleben körperlicher Intimität und Sinnlichkeit.

Nach allen bisherigen Erkenntnissen sind Serienmörder primär männlichen Geschlechts.[73] Insbesondere sexuelle Gewalthandlungen (vaginale/anale Vergewal-

---

[73] Diese Aussage entspricht einer groben Schätzung – basierend auf dem gesichteten Fallmaterial. Zuverlässige statistische Angaben bezüglich des Zahlenverhältnisses von weiblichen

tigung, erzwungener Oralverkehr etc.) lassen sich vor allem bei Mordserien beobachten, die von männlichen Tätern begangen werden (vgl. Jenkins 1994; Keeney/Heide 2000; Leyton 2000). In Anlehnung an Kersten lassen sich diese Operationen als Versuch interpretieren, in den Besitz einer männlich konnotierten Vormachtstellung zu gelangen (Seifert 1996, 13-33). Schließlich sind gesellschaftliche Zuschreibungen wie "Macht" und "Hegemonialität" vorrangig mit Vorstellungen von Männlichkeit verbunden (siehe Männlichkeitsbilder wie das des "Beschützers", des "Versorgers" oder des "Befehlsinhabers" – Kersten 1997a, 107). Einige Täterinnen bewerkstelligen sich ebenfalls über derartige Machtszenarien. Zwei Beispiele hierfür sind Judith Neelley und Rosemary West, die jeweils gemeinsam mit ihren männlichen Partnern vergewaltigt, gefoltert und getötet haben (Newton 2000, 168 ff., 354). In diesen beiden Fällen werden bestehende Weiblichkeitsvorstellungen unterlaufen, die nach wie vor eher im emotionalen und zwischenmenschlichen Bereich verortet sind. Gemäß Kerstens Theorie lassen sich die destruktiven Weiblichkeitsentwürfe von Serienmörderinnen als "Antithese" zum soziokulturellen Konstrukt "betonter Weiblichkeit" interpretieren[74], welches in "geschlechterungleichen Kulturen" das Pendant zum Konzept der "männlichen Hegemonialität" darstellt (Kersten 1997a, 108). Demnach gilt für weibliche Täter – unter Setzung anderer Vorzeichen – die gleiche Hypothese, wie für männliche Täter: Bleibt ihnen eine Aneignung geltender Weiblichkeitsmodelle aufgrund fehlender psychischer, sozialer, kultureller und finanzieller Ressourcen versagt, konstituieren sie sich über konträr angelegte, physisch-gewaltförmig inszenierte Geschlechtlichkeits-Schemata (siehe auch Kap. 5.7.6. zur seriellen Patienten- und Kindstötung, S. 135 f.).

Ähnlich wie beim Sadismus steht bei der Ausübung sexueller Gewalthandlungen am lebenden Organismus die körperliche Interaktion mit dem Opfer im Mittelpunkt. Indem der Täter das andere Individuum gewaltsam seiner sexuellen Selbstbestimmung beraubt, unterscheidet er sich geschlechtlich in dessen Se-

---

und männlichen Serienmördern liegen angesichts des zu mutmaßenden Dunkelfeldes kaum vor. Beispielhaft sei hier auf Harbort verwiesen, der für den Zeitraum von 1945-1995 errechnet hat, dass 54 Männer und 7 Frauen wegen Serienmord abgeurteilt wurden (vgl. Harbort 1999, 645).
[74] Als Exempel für den Typus "betonter Weiblichkeit" nennt Kersten unter anderem Claudia Schiffer und Marilyn Monroe (Kersten 1997a, 108).

xus.[75] Das Gefühl von Macht erlebt er nur in der sexuellen Erniedrigung und Unterwerfung des Opfers, welches durch die sexuelle Komponente der Gewalteinwirkung sowohl in seiner somatischen als auch in seiner geschlechtlichen Wahrnehmung und Identitätsbildung beschnitten wird. Der Täter dringt in die körperliche Sphäre des Opfers ein, okkupiert sie und entzieht dem Opfer damit jeglichen Spielraum, um sich selbst als geschlechtliches Wesen zu definieren. Eine Folge ist die psychische Desintegration – die Abspaltung des Bewusstseins vom Körper. Die physischen und sprachlichen Reaktionen, mit denen das Opfer an diese massive körperliche und seelische Traumatisierung anschließt, dienen dem Täter als weitere Bestätigung und Verstärkung einer vermeintlichen Dominanz.

Obwohl sadistische und sexuelle Tathandlungen übereinstimmend den Aspekt der Interaktivität aufweisen und sich beide dem Kontext der hegemonialen Selbstbewerkstelligung zuordnen lassen, divergieren sie in ihrer qualitativen Zuschreibung. Sadistische Operationen haben den Zweck, das Opfer mittels Quälung zu unterwerfen, sexuelle Akte sind darauf ausgerichtet, das Opfer über dessen Missbrauch zu entwürdigen. Wie die bereits genannten Fälle von Bundy, Bittaker/Norris und Heidnik belegen, können sich in einem Tatbegehungsmodus jedoch sadistische und sexuelle Elemente miteinander vermischen.

Des Weiteren wurden im Abschnitt zur Kommunikation Gewalthandlungen erwähnt, die eine physische Manipulation oder Zerstörung der Geschlechtsorgane intendieren und originär nicht sexuell belegt sind (Abschneiden der Brustwarzen usw.) (Kap. 5.4., S. 100). Diese sind von sexuellen Operationen dadurch zu unterscheiden, dass sie eine unmittelbare Destruktion des biologischen Geschlechts implizieren, während Letztere primär eine Schädigung beziehungsweise Aufhebung der psychosozialen Geschlechtlichkeit beinhalten.

Darüber hinaus können sexuelle Gewaltakte als Versuch gedeutet werden, an einem anderen (lebenden!) Individuum physische Nähe sinnlich zu erleben. Jene

---

[75] Eine gewaltförmige Selbstbewerkstelligung über die körperliche Geschlechtlichkeit des Opfers ist keineswegs an das Kriterium der Heterosexualität geknüpft. Täter und Opfer können dem gleichen Geschlecht angehören.

Intimität, die der Täter nicht in sozial und rechtlich tolerierter Weise praktizieren kann, verschiebt er in den Bereich destruktiver Körperlichkeit.

In der Regel lassen sich die beiden Deutungsmuster der Hegemonialität und der Intimität allerdings nicht voneinander trennen, wie der Fall von Jürgen Bartsch zeigt. Bartsch entführte, vergewaltigte und tötete vier Jungen. Sein Operationsmodus vereint sowohl sadistische als auch sexuelle und nekrophile Momente. Tatort war ein ehemaliger Luftschutzbunker, dessen Abgeschiedenheit nicht nur einen relativ sicheren Tatablauf gewährleistete, sondern auch einen sicheren und in sich geschlossenen Raum für eine intime, körperliche Interaktion mit den Opfern bot (Miller 1983, 238).

Während die bislang erörterten Tatmerkmale hauptsächlich mit Operationen korrespondieren, welche im eigentlichen Tatgeschehen anzusiedeln sind (Tatphase 2-3), ist das folgende Merkmal des Tatrelikts vor allem der Nach-Tat-Phase zuzuordnen. Die einzige Ausnahme stellt in diesem Zusammenhang die Nekrophilie dar, welche sich ebenfalls über einen längeren, den Tathergang überdauernden, Zeitraum erstrecken kann.

5.7.5. Tatrelikt und Totem: Der konservierte und der abgebildete Körper

Ein Phänomen, das im Kontext serieller Tötungen häufig thematisiert wird, ist das Sammeln von Objekten, die in Verbindung zur Tat stehen.[76] Im Wesentlichen lassen sich drei Varianten voneinander unterscheiden:

---

[76] Ressler et al. differenzieren in diesem Zusammenhang zwischen "Trophäen" (Symbol des 'Sieges') und "Souvenirs" ('Erinnerungsstücke') (1995, 64). Von ihrer eigentlichen Konnotation her lassen sich beide Begriffe zur Bezeichnung des hier reflektierten Tatmerkmals gebrauchen. Problematisch hingegen gestaltet sich ihre Einbindung in das von den Verfassern konzipierte Modell des "organisierten" ("psychopathischen") und "desorganisierten" ("psychotischen") Täters. Ersterem wird die Trophäe zugeordnet, Letzterem das Souvenir (vgl. ebd., 122 f.). Diese Tätertypologie ist angesichts der Heterogenität, der Komplexität und des Mischcharakters vieler serieller Tötungen äußerst fragwürdig, weshalb in diesem Abschnitt vollständig auf die Verwendung der beiden Termini "Trophäe" und "Souvenir" verzichtet wird.

(1) Aufbewahrung und Konservierung von Körperteilen des Opfers

(2) Entwendung von Gegenständen aus dem Besitz des Opfers

(3) Dokumentation einzelner Tathandlungen oder des gesamten Tathergangs.

Diese Handlungsmodi können in Kombination mit den vorigen Tatmerkmalen auftreten, wobei sich jedoch keine spezifischen Präferenzen in den verschiedenen Operationsweisen einzelner Serienmörder feststellen lassen. Lediglich die erste Variante ist überwiegend bei primär nekrophil orientierten Tätern vorzufinden, welche sich allerdings auch der anderen beiden Alternativen bedienen. Jeffrey Dahmer beispielsweise zerstückelte die Leichen seiner Opfer, hob Teile von ihnen auf, präparierte sie und arrangierte sie zu morbiden Stillleben, die er mit einer Polaroid-Kamera fotografierte (Masters 1993, 178).

Die gesammelten und konservierten Relikte ebnen dem Täter den Zugang zu einer tatbezogenen Selbstbewerkstelligung, welche über das räumlich, zeitlich und materiell begrenzte Tatgeschehen hinausreicht. Auf diese Weise kann er über die Bewusstseins- und Sinnesebene an seine eigenen Tötungsakte ankoppeln, sich die Tatabläufe fortwährend vergegenwärtigen und diese in seine bestehenden Gewalt- und Mordvorstellungen integrieren. Dieser Operationsmodus erlaubt es ihm zumindest vorübergehend, die Limitiertheit der körperlich-gewalttätigen Interaktion zu überbrücken und sich fortgesetzt über seine Taten semiotisch zu reproduzieren – mittels symbolischer Surrogate. Das heißt, die Erinnerungsstücke werden mit spezifischen Bedeutungen belegt, die einerseits auf besondere Momente der jeweiligen Tötung rekurrieren und somit gleichzeitig jene Bedürfnisse des Täters widerspiegeln, welche dieser in die Tat selbst eingebracht hat. So kann das Objekt zum Beispiel stellvertretend für den Aspekt der Unterwerfung stehen oder Ausdruck einer auf Destruktivität ausgerichteten Ästhetik sein. In diesem Kontext lassen sich etwa die von Dahmer aufbewahrten Schädel und Knochen, die er für den Bau des "Schreins" benutzen wollte, als "Reliquien" zur Zelebrierung seines Selbstkults interpretieren (Masters 1993, 318-321) (vgl. auch Kap. 5.7.2. zum Kannibalismus, S. 123).

Serienmörder können die gegenständlichen 'Andenken' auf zwei unterschiedlichen Wegen in ihr Lebenskonstrukt einbetten:

(1) Durch Platzierung in die alltägliche Lebenspraxis
(mittels funktionaler Gestaltung der Gegenstände)
(2) Durch Übertragung in einen künstlichen Rahmen
(mittels 'künstlerischer' Aufbereitung der Objekte).

Das erste Verfahren ist durch Kontinuität gekennzeichnet. Es ermöglicht dem Täter eine beständige Integration der zurückliegenden Morde in seinen gesamten Lebenskontext. Das zweite Verfahren betont stärker den Aspekt des Besonderen und Rituellen – unter Berücksichtigung 'ästhetischer' Komponenten.

Beide Varianten lassen sich am Fall von Ed Gein verdeutlichen, der in den 1950er Jahren im US-Bundesstaat Wisconsin mindestens zwei Frauen getötet haben soll und sich mit körperlichen Artefakten umgeben hat, die Bestandteil seines alltäglichen Lebens waren, als 'schmückende' Dekoration fungierten und teilweise für besondere rituelle Handlungen benutzt wurden. Bei der polizeilichen Hausdurchsuchung wurden unter anderem folgende Objekte sichergestellt: aus Menschenhaut gefertigte Lampenschirme, Sitzkissen, Kostüme und Masken, sowie aus Hirnschalen bestehende Schüsseln und ein Organ, das mit goldener Farbe angemalt und mit einem roten Band versehen war (Bloch 1996, 41). Gein verfuhr mit den Leichen seiner Opfer folgendermaßen: Er entnahm ihnen die inneren Organe, häutete und zergliederte sie. Anschließend verarbeitete er Teile der sterblichen Überreste zu Gegenständen, welche ihrer ursprünglichen Funktion nach kulturell kodiert sind (Kleidung, Möbel usw.). Mit den Masken und Kostümen schuf er sich eine zweite, weibliche Haut mit Brüsten, die er nachts auf dem Hof seines Hauses getragen haben soll (siehe Douglas/Olshaker 1999, 466-475). Diese oberflächliche Metamorphose, die Ausstattung des männlichen Körpers mit einer weiblichen Hülle, lässt sich als ein physisch-semiotischer Akt der Travestie bezeichnen (vgl. Rodenkirchen 1996, 54 ff.).[77] Im Falle der anderen Relikte, die gleichfalls 'weiblichen' Ursprungs sind, staffiert er sich nicht körperlich mit den Insignien des Weiblichen aus, sondern er gestaltet seine unmittelbare Umgebung mit Körperteilen von Frauen und begibt sich dadurch in eine Art von künstlichen Uterus.[78] Bedingt durch die massive Präsenz der körperlichen Relikte lässt sich nicht ausschließen, dass der Aspekt des Sammelns ein zentrales motivatorisches Element im Operationsmodus von Gein markiert.

Dokumentiert der Täter seine Handlungen mit Hilfe visueller Medien, so wird die Tötung selbst zu einer Inszenierung, in deren Verlauf der als physisches Medium fungierende Organismus des Opfers im Medium der Fotografie oder des Films (Video u.ä.) abgebildet und in einen visuellen Zeichenkode transferiert wird, der das Gegenständliche repräsentiert. Das aus diesem Prozess resultierende künstliche Zeichenprodukt lässt sich nahezu beliebig oft ansehen und vervielfältigen.

Es ist eine Inszenierung im doppelten Sinne: Einerseits inszeniert sich der Täter direkt über das Soma des Opfers und andererseits wählt er beim Fotografieren oder Filmen bestimmte Einstellungen und Motive aus, wodurch bildliche Kompositionen entstehen. Das Opfer wird in dem von Täter hergestellten Tatszenario zu einem körperlichen Schauobjekt degradiert beziehungsweise in die Rolle eines Akteurs gezwungen, der im dramaturgischen Gefüge des Täters agiert. Sobald dieser das während der Tat angefertigte Bilddokument betrachtet, wird er zum Zuschauer seiner eigenen (visuellen) Inszenierung und kann sich fortgesetzt

---

[77] Rodenkirchen spricht in diesem Kontext von Transsexualität. Allerdings bleibt die Frage offen, inwieweit Gein in seinem Szenario ein weibliches Rollenmuster lebt oder in einem männlich beziehungsweise infantil konnotierten Konstrukt verhaftet bleibt (das "Mütterliche" als Symbol für Wärme und Geborgenheit, weibliche Sexualität als "Inbegriff schmutziger Sünde"). So merkt Meifert an, dass Geins christlich-fundamentalistische Mutter ihn derart in seiner geschlechtlichen und sexuellen Entwicklung behindert habe, dass sie, als sie starb, "ein 39jähriges Kind" zurückgelassen habe (Meifert 1996, 76 f.). Die Anfertigung von Artefakten aus Frauenkörpern lässt zudem eher auf einen objektbezogenen Umgang mit "Weiblichkeit" schließen, als auf eine Adaption weiblicher Identitätsschemata (vgl. Rodenkirchen, ebd.).
[78] Diese Hypothese lässt sich durch zwei weitere überlieferte Details stützen: Die ehemaligen Zimmer seiner verstorbenen Mutter waren die einzigen Räume im Haus, die sich, laut Bericht der durchsuchenden Beamten, in einem ordentlichen Zustand befanden. Weiterhin wurde ein anatomisches Lehrbuch mit Darstellungen der inneren weiblichen Geschlechtsorgane gefunden (ebd.).

über das zurückliegende Ereignis der Tötung unterscheiden. Handelt es sich beim Motiv, wie im Fall von Dahmer oder Lake/Ng[79], um eine zerstückelte Leiche, so verdoppelt sich gleichfalls der Akt des Zergliedern, welcher sowohl über die Ebene der körperlichen Destruktion, als auch über die der Bildkomposition hergestellt wird (Bartels 1997, 166). Im Zuge der visuellen Aufzeichnung generiert die Tötung zu einem *Medienhappening*, zu einer bildlichen *Erzählung*, die seitens des Täters vielfach rezipiert werden kann.

Die hier dargestellten Verfahren des Erinnerns weisen von ihrem sensuellen Gehalt her unterschiedliche Qualitäten auf. Die visuelle Erfassung des Tatgeschehens ist wohl die Variante, mittels derer sich die Intensität und Dynamik des Ereignisablaufs am Besten transportieren und abrufen lässt. Die Produktion organischer Tatrelikte erlaubt dem Täter hingegen das Erleben sensorischer und sensitiver Eindrücke, welche ihm gestatten, in eingeschränkter und abstrahierter Form an seine körperliche Selbstbewerkstelligung während der Tat anzuschließen. Allerdings vermögen die Artefakte, Aufzeichnungen und Erinnerungsstücke die unmittelbar während der Tat erfolgende physische Interaktion und Selbstunterscheidung nicht zu ersetzen. Diese können nur über weitere Tötungen (re-)produziert werden.

5.7.6. Besondere Kennzeichen: Keine – Die Unterscheidung im 'unberührten' Körper

In massenmedialen wie fachlichen Darstellungen werden Serienmorde in der Regel mit einem oder mehreren der zuvor analysierten Tatmerkmale verknüpft, welche in graduell variierender Form mit massiven bis extremen, körperlich sichtbaren Gewalteinwirkungen verbunden sind. Das folgende Merkmal der spurenarmen Tatbegehung ist an Operationsmodi gekoppelt, deren statistische Dichte sich nur erahnen lässt, weil sie phänomenologisch unauffällig sind und Leichenschauen zudem häufig unzureichend durchgeführt werden. Im Grunde geht es hier um ein Tatcharakteristikum, das sich durch eine äußere Nicht-

---

[79] Leonard Lake und Charles Ng sollen ca. 25 bis 30 Menschen gefoltert und getötet haben. Die Leichen haben sie mit einer Kettensäge zerstückelt. Der gesamte Tatablauf wurde jeweils mit einer Videokamera dokumentiert (Newton 2000, 134 ff.).

Existenz auszeichnet beziehungsweise unter der Oberfläche der Tatstruktur verborgen ist. In dieser Eigenschaft ließe es sich den Strategien zur Manipulierung oder Vermeidung der *Taterzählung* zuweisen, was aber nicht den Kern seiner Struktur erfassen würde, weil dieser Ansatzpunkt als Erklärungszugang nicht ausreichend ist. Im Zentrum steht nicht die Maskierung oder Aufspaltung des vorhergehenden Ereignisses der Tötung, sondern die Selbstunterscheidung in der Nicht-Präsenz des Tötens. Primäres Ziel ist es nicht, die Herstellung der *Taterzählung* zu verhindern. Stattdessen wird die Ebene des Äußerns und Mitteilens fast völlig ausgeblendet. Sie wird nicht thematisiert. Die maßgeblichen Aspekte eines 'spurenlosen' Tötungsmodus wurden bereits genannt:

Er lässt sich bewerkstelligen, indem eine Tötungsart gewählt wird, die

(1) innerlich wie äußerlich ein Minimum an physischen Spuren hinterlässt,
(2) körperliche Reaktionen auslöst, welche denen eines natürlichen Todes ähneln und
(3) in einem unverdächtig wirkenden Tatkontext vollzogen wird.

In diesem Zusammenhang sei nochmals der Fall des englischen Arztes Harold Shipman aufgegriffen, der im Zeitraum von 1975 bis 1998 mindestens 215 Morde begangen haben soll, indem er seinen überwiegend älteren, weiblichen Opfern Überdosen an Heroin gespritzt hat.[80] Shipman kamen mehrere Faktoren zugute, wobei sein beruflicher Hintergrund als Arzt hervorzuheben ist, welcher ihm den Zugang zu einem großen Kreis potentieller Opfer eröffnete, ihm ein Auftreten als unverdächtige und fachlich kompetente Autoritätsperson ermöglichte und ihm einen relativ leichten wie risikoarmen Zugriff auf toxische Substanzen gewährte.

Was lässt sich in semiotischer wie kommunikationstheoretischer Beziehung über diesen Tötungstypus sagen? Sowohl die körperliche Interaktion mit dem Opfer, als auch die Produktion deutbarer Zeichen sind auf ein Minimum reduziert. Der Fokus richtet sich einzig auf die Selbstbewerkstelligung über die Tötung – in dem Sinne, dass auf möglichst direktem und effektivstem Wege der Tod des Op-

---

[80] Siehe unter: http://www.spiegel.de/panorama/0,1518,206090,00.html.

fers herbeigeführt wird. Es ist eine ins Innere des Geschehens gewendete Selbstinszenierung, welche dem Täter erlaubt, die äußere soziale Fassade perfekt zu wahren und über einen längeren Zeitraum zu töten – ohne sich einer allzu großen Gefahr auszusetzen, entdeckt und gefasst zu werden, weil die von ihm verübten Morde oftmals gar nicht als solche erkannt werden und es daher auch keinen Verdächtigen zu ermitteln gilt. Anders als Serienmörder, die nekrophil, sadistisch und/oder sexuell operieren, erlangt der unauffällig agierende Täter noch nicht einmal über seine Tötungen Sichtbarkeit und Individualität. Sein hervorstechendstes Charakteristikum lässt sich darin sehen, dass er selbst beim Töten weitgehend ohne Konturen bleibt. Es ist eine Verschiebung in den Funktionalismus – in Gestalt einer absoluten äußeren Anpassung an soziale Schemata und Muster. Dieser Tätertypus beherrscht perfekt die Technik sozialer Mimikry und unterminiert das soziale System durch die Konsequenz und Zielgerichtetheit, mit der er unter dem Deckmantel sozialer Konformität oftmals eine relativ große Anzahl von Menschen tötet.

Angesichts der nach wie vor praktizierten Verortung des weiblichen Geschlechts im sozialen Bereich, verwundert es nicht, dass unter dem geringen Anteil von Serienmorden, die weiblichen Tätern zugeordnet werden, die meisten Fälle in die hier thematisierte Kategorie fallen. Die Tötung von Patienten, Pflegebedürftigen oder Schutzbefohlenen lässt sich im Rahmen alltäglicher, privater und beruflicher Kontakte und Beziehungen durchführen. Diese Ausgangssituation ist für die Mehrzahl der Täterinnen die notwendige Voraussetzung, um sich über eine ins Destruktive verschobene Inszenierung existierender Weiblichkeitsmuster zu bewerkstelligen Bei seriellen Kindstötungen etwa kann eine Täterin in der Rolle der "fürsorglichen"/"überforderten"/"bedauernswerten Mutter" agieren, bei Patiententötungen in der Rolle der "Altruistin", die vorgibt, aus Mitgefühl zu handeln. Diese Selbstkonstruktionen können insbesondere bei Tötungen im Familienbereich an ein massives Bedürfnis nach öffentlicher Aufmerksamkeit gekoppelt sein. In der Fachliteratur wird dieses Phänomen als sogenanntes "erweitertes Münchhausen Syndrom" (Engl.: "Munchausen by Proxy-Syndrome") bezeichnet (vgl. Eckhardt 1994, S. 72; Newton 2000, 164). Ein Beispiel hierfür ist der Fall von Marybeth Roe Tinning, die acht ihrer Kinder getötet haben soll (unter anderem durch Erstickung mit einem Kissen), um sich anschließend als "trauernde Mutter" zu inszenieren – zwecks Erregung von Anteilnahme (ebd., 216).

Im Wesentlichen jedoch handelt es sich bei der Gruppe der spurenarmen Tötungen um machtzentrierte Selbstbehauptungen und Selbstdifferenzierungen, die hergestellt werden, indem der Täter gottgleich in den natürlichen Zyklus von Leben und Tod eingreift und die Entscheidung für den Tod des jeweiligen Opfers trifft. Der Machtgewinn wird allein aus dem Umstand gezogen, dass er dazu fähig ist, Leben zu nehmen und sich im Inneren über dieses Moment von anderen Individuen zu unterscheiden.

Mit diesen sechs exemplarischen Kurzanalysen schließt sich der in diesem Buch entworfene Kreislauf aus Körpergewalt, Selbstbewerkstelligung und Kommunikation. Die Analysen der Tatmerkmale vermitteln eine Auswahl an Deutungsmustern, welche auf der Basis des zuvor erörterten körpertheoretisch-semiotischen Ansatzes einen potentiellen Zugang zum Forschungsfeld serieller Tötungen bieten. Im folgenden Fazit werden die zentralen Aspekte dieses Konzeptes zusammengefasst und im allgemeinen Kontext soziokulturell inszenierter Körperlichkeit reflektiert. Des Weiteren sollen in einem Ausblick mögliche Schnittstellen für eine weitere kriminologische Forschung sowie eine Anwendung in der praxisorientierten Auseinandersetzung mit Serienmorden aufgezeigt werden.

6. *ZOMBIE NATION* – Fazit und Ausblick

"Crawling in my skin/Consuming all I feel/
Fear is how I fall/Confusing what is real"

Linkin Park, Crawling (2000)

Physische Gewalt- und Tötungshandlungen sind ein integraler Bestandteil sozialer und politischer Systeme. Da der menschliche Organismus verletzlich und sterblich ist, lässt sich mittels Körpergewalt unmittelbar und direkt auf das Individuum in seiner psychosomatischen Gesamtheit zugreifen. Der Körper markiert deshalb eine primäre Ressource in der individuellen wie kollektiven Bewerkstelligung von Macht. Dieser Mechanismus lässt sich auch bei seriellen Tötungen beobachten, welche aufgrund des Wiederholungscharakters und des Destruktionspotentials eine extreme Form der physisch-gewaltförmigen Selbstbehauptung und Selbstdistinktion darstellen. In diesem Kontext wurde ein Erklärungsansatz entworfen, der sowohl systemtheoretisch als auch semiotisch und kommunikationswissenschaftlich strukturiert ist. Demnach lassen sich die Tathandlungen eines Serienmörders als kommunikative Akte begreifen, über welche sich der Täter fortgesetzt in den Organismen seiner Opfer unterscheidet und mit diesen körperlich interagiert. Die Gewalteinwirkungen verursachen somatische Reaktionen, welche in Gestalt von Verletzungen und anderen morphologischen Veränderungen sichtbar sind. Auf diese Weise produziert der Täter wahrnehmbare und deutbare Zeichen, über welche er sich bewusst wie unbewusst äußert und mitteilt, denn das Spurenbild – die *Taterzählung* – gibt zumindest fragmentarisch Aufschluss über die mögliche Funktion und Bedeutung der angewendeten Gewalt. Dies erlaubt potentielle Rückschlüsse bezüglich der Persönlichkeit des Täters. Eine Intention kann es daher sein, das Tatszenario derart zu manipulieren, dass eine externe Rekonstruktion des Tatgeschehens erschwert oder verhindert wird. Serienmorde beinhalten zudem je nach Operationsmodus eine spezifische sensuelle Qualität, über welche sich der Täter nicht nur auf somatischer Ebene artikulieren, sondern in seiner eigenen Körperlichkeit erfahren kann (zum Beispiel über nekrophil oder sadistisch orientierte Tathandlungen). Der Gewalt- und Tötungsakt ist für den Täter die einzige Möglichkeit, seinem Bedürfnis nach Destruktion und Macht Ausdruck zu verleihen. Beides vermag er auf sprachlichem Wege nicht auszuagieren. Dafür bedarf er eines fremden Körpers, der ihm als Medium seiner Selbstbewerkstelligung dient. Er spiegelt sich im verletzten, schmerzenden und sterbenden Organismus des Opfers, welcher durch diesen Prozess zum Stellvertreter – zum semiotischen Doppel – des Täters wird. Dieser erlangt seine Identität und persönliche Sichtbarkeit nur im Moment des Tötens. Bedingt durch die biologische Determiniertheit seines organischen Selbstkonstrukts, tötet er in Fortsetzung, um sich wiederholt im Soma eines Anderen abbilden zu können. Es entsteht ein Mordzyklus, der zu einem sich fortlaufend generierenden Lebensszenario wird, in dem sich der Täter im sozialen System unterscheiden und von anderen Individuen abgrenzen kann.

In seinem Beitrag *Kriminalität als normales Phänomen* zieht Durkheim folgendes Resumee: "*Wie oft ist das Verbrechen wirklich bloß eine Antizipation der zukünftigen Moral,* der erste Schritt in dem, was sein wird." (Durkheim 1968, 7 – Kursivdruck im Original) Inwieweit Durkheim bei dieser Aussage an individuell motivierte Mehrfachtötungen gedacht hat, bleibt fraglich. Dennoch soll sie als Anlass dienen, um das Thema des Serienmords im Zusammenhang legitimierter, soziokultureller Körperszenarien zu betrachten.

Multiple Tötungen, deren Merkmale mit dem Deutungsmuster "Serienmord" übereinstimmen, gibt es vermutlich seit Menschengedenken. Doch erst mit dem Eintritt in das massenmediale und postindustrielle Zeitalter erreicht das Phänomen der individuell motivierten und fortgesetzten Tötung seinen eigentlichen Bestimmungsort. Es ist in einem soziokulturellen Kontext angelangt, in dem die normativen Verfahren der körperlichen Selbstbewerkstelligung in ihrer Massivität unübersehbare Parallelen zu den Formen der gewalttätigen Selbstkonstruktion aufweisen. Durch die massenmediale Berichterstattung erhalten Serienmörder zudem eine immense Öffentlichkeit und somit eine maximale Selbstbespiegelungsfläche. Diese kontextuelle Einbettung serieller Tötungen ermöglicht es, aus kriminologischer Perspektive, einen Interpretationsrahmen zu konzipieren, der neben psychischen Faktoren auch soziale und kulturelle Komponenten dieses Tötungstypus erfasst.

In der medien- und konsumgeleiteten Gesellschaft hat sich in der kollektiven Bewerkstelligung als soziales System ein innerer Bruch vollzogen. Anpassung und Konformität sind nach wie vor wichtige Elemente einer individuellen Verortung im gesellschaftlichen Gesamtgefüge. Allerdings hat sich die Zielrichtung verschoben – hin zu einer forcierten Selbstzentrierung und Individualisierung des Einzelnen. Das zentrale Medium der egozentrierten und narzisstischen Selbstinszenierung ist der eigene (oder fremde) Körper, welcher über eine Gestaltung und Manipulierung des äußeren Erscheinungsbildes oder über operative Eingriffe mit Zeichen ausgestattet wird, die sich mit Zuschreibungen wie "Jugendlichkeit", "Fitness" und "Schönheit" belegen lassen. Das Soma wird zu einer semiotischen Plattform des Konsumenten, der sich über die Ausstaffierung seines Körpers als Selbst produziert. Durch diesen Mechanismus wird der Organismus selbst zum konsumierbaren Objekt, dessen biologisch gesetzte Grenzen nach Möglichkeit ignoriert, überblendet oder überschritten werden (zum Beispiel im Bereich des Extremsports). Mit den Massenmedien steht zudem ein Forum der Selbstdarstellung und Selbstprojektion zur Verfügung, welches jedem, der in irgendeiner Weise physische Schauwerte zu bieten hat (seien diese positiv oder negativ besetzt)[81], die von Andy Warhol prophezeiten fünfzehn Minuten Ruhm zur Verfügung stellt (vgl. etwa Fernsehformate wie Talkshows, Reportagen oder die sogenannten "Doku-Soaps"). Die Massenmedialität bedingt gleichzeitig die Kurzlebigkeit jeglicher Form der körperlichen Selbstinszenierung. Insbesondere durch ihre enorme Verbreitung und Reproduktion in den digitalen Medien sind physische Zuschreibungen und Deutungsschemata in kürzester Zeit verbraucht. Sobald sich ein Individuum körperlich im sozialen System unterscheidet, löst sich dieses Selbstkonstrukt bereits wieder in der Masse auf, weshalb eine annähernde Selbstdistinktion nur über das Ausleben einer extremer Körperlichkeit erzielt werden kann. Diese impliziert in der Regel die Anwendung physischer Gewalt gegen den eigenen oder fremden Organismus. Körpergewalt erlaubt die Herstellung unrevidierbarer Zeichen, welche direkt auf den ausgeblendeten Aspekt der Versehrung und Sterblichkeit referieren. Vor diesem

---

[81] Positiv definiert sind zum Beispiel Körperszenarien, in denen Menschen ausgestellt werden, die das propagierte Schönheitsideal erfüllen. Hingegen ist die Zurschaustellung von Individuen, die an seltenen Krankheiten leiden, ein Exempel für eine negativ konnotierte Inszenierung (siehe etwa TV-Boulevard-Magazine wie "RTL Explosiv" oder die Sat1-Sendung "Blitz").

Hintergrund lassen sich serielle Tötungen als ein gewaltförmiger Körperkonsum interpretieren, der in seiner Destruktivität und seinem Ausbeutungscharakter als konsequente Fortführung bestehender und tolerierter Tendenzen einer körperlichen Selbstbewerkstelligung gesehen werden kann, bei welcher die Grenzen zwischen Funktionalisierung, Missbrauch und Auflösung fließend sind. Somatische Entgrenzung und Entkörperung sind in der Gesellschaft allgegenwärtig. Sie sind Bestandteil der soziokulturellen Struktur, aus der heutige Serienmörder hervorgehen und so lässt sich nicht ausschließen, dass der soziale Trend zur (Selbst-)Exploration des Körpers nicht nur ein Deutungsschema zur Interpretierung serieller Tötungen liefert, sondern auch Täter, die in diesem Kontext leben, in ihrem Handlungsmodus beeinflusst. Bereits Durkheim konstatiert, dass "das Verbrechen [...] eine notwendige Erscheinung" sei, welches "mit den Grundbedingungen eines jeden sozialen Lebens verbunden und damit zugleich nützlich" ist (vgl. Durkheim 1968, 6). Das Phänomen des Serienmords erweist sich in zweierlei Hinsicht als sinnkonstituierend: Zum Einen dient es der massenmedialen "Wund-" und Trash-Kultur als ein weiteres Spektakel und zum Anderen erhält das Gros der Teilnehmer im sozialen System die Möglichkeit, sich von dieser Variante der Körperlichkeit abzugrenzen und sich dadurch der Richtigkeit des eigenen Handelns zu versichern.[82]

Die hier dargelegte Deutung veranschaulicht die Korrespondenzen zwischen einem extremen Tötungstypus wie Serienmord und allgemeinen soziokulturellen Prozessen und Mechanismen. Jeder Täter hat eine eigene Geschichte, deren Elemente in der sozialen Struktur verankert sind. Dieser Umstand entbindet ihn nicht seiner Selbstverantwortlichkeit, aber er relativiert das psychopathologische Moment, legt die Verantwortlichkeit des sozialen Systems offen und schmälert den vermeintlichen Abgrund zwischen den Tätern und dem Rest der Gesellschaft. Diese These gestattet im Feld der kriminologischen Forschung einen 'unaufgeregteren' Blick auf die Problematik serieller Tötungen, welcher jedoch nicht den offensichtlichen Aspekt der körperlichen Destruktion mit all seinen Implikationen für die Opfer (Schmerz, Qual, Leid, Tod) ignoriert. Serienmorde bleiben in ihrer qualitativen Ausprägung ein unleugbares Extrem.

---

[82] Siehe zum Begriff der sogenannten "Wundkultur": Seltzer 1998, 21.

Das in diesem Buch entworfene Konzept stellt eine desolate, aber notwendige Grundlage für künftige Forschungsprojekte dar. Um ein Tötungsdelikt wie Serienmord im Zusammenhang fortführender Theorien "abweichenden" Verhaltens (z.B. Labeling Approach) untersuchen zu können, ist es von elementarer Bedeutung, sich zuerst mit den konkreten Prozessen auseinander zu setzen, die sich auf der Ereignis- und Handlungsebene vollziehen. Die hieraus gezogenen Erkenntnisse bezüglich der physischen Struktur serieller Tötungen bilden die Basis für ein weitreichendes Verständnis dieses Gewalttypus.

Darüber hinaus könnte der hier vorgestellte Ansatz ein hilfreiches Instrumentarium sein, um mittels einer analogen Terminologie und Methodologie die sprachlichen Aussagen gefasster Täter mit den von ihnen hinterlassenen materiellen *Taterzählungen* zu vergleichen.

Abschließend sei darauf verwiesen, dass das theoretische Konzept Schnittstellen für die Analyse anderer Formen der gewalttätigen Selbstbewerkstelligung offeriert und sich beispielsweise für eine Untersuchung neuerer Tendenzen im Forschungssektor "Terrorismus" anböte. In diesem Fall liegt zwar primär ein politischer Kontext vor und die Bedeutung der physischen Interaktion mit einzelnen Opfern ist eher sekundär einzustufen, aber, wie im Zuge der Ausführungen bereits am Rande angemerkt wurde, lassen sich terroristische Anschläge als hochsymbolische Akte zur Herstellung einer hegemonialen Position begreifen, weshalb ein nähere Analyse lohnen würde.

Körpergewalt beginnt dort, wo Sprache endet und versperrt dem Gewalt erleidenden Individuum gleichzeitig die Rückkehr zur Sprachlichkeit. Das vorliegende Buch lässt sich letztlich als ein weiterer Versuch verstehen, das sich im Körperlichen manifestierende Unaussprechliche in die Sphäre des Sprachlichen zu transferieren und scheinbar sinnlosen Tötungen eine mit Worten artikulierbare Bedeutung zu verleihen.

Epilog:

"... it was me and a gun and a man on my back
and I sang 'holy holy' as he buttoned down his pants
me and a gun and a man on my back
but I haven't seen BARBADOS
so I must get out of this ..."

Tori Amos, Me and a gun (1992)

7. Literatur

Ariès, Philippe (1995): Geschichte des Todes, München: dtv (OT: L'homme devant la mort, Paris: Editions du Seuil, 1978).

Bartels, Klaus (1997): Serial Killers : Erhabenheit in Fortsetzung. Kriminalhistorische Aspekte der Ästhetik, Kriminologisches Journal, 6. Beiheft 1997, Die Gewalt in der Kriminologie, hrsg. von Krasmann, Susanne/Scheerer, Sebastian, Weinheim: Juventa, 160-182.

Baudelaire, Charles (1986): Die Blumen des Bösen/Les Fleurs du Mal, München: dtv.

Baudrillard, Jean (1978): Agonie des Realen, Berlin : Merve.

Bessing, Joachim/Kracht, Christian/Nickel, Eckhart/Schönburg, Alexander v./ Stuckrad-Barre, Benjamin v. (1999): Tristesse Royale, Berlin: Ullstein.

Bloch, Robert (1995): Das Schlachtfeld des Ed Gein (1959), in: Farin, Michael/ Schmid, Hans (Hrsg.), Ed Gein. A Quiet Man, München 1996, 39-46, (Erstveröffentlichung: 1959).

Bourgoin, Stéphane (1995): Serienmörder. Pathologie und Soziologie einer Tötungsart, Reinbek: Rowohlt (OT: Serial Killers. Enquête sur les tueurs en série, Paris: Éditions Grasset et Fasquelle, 1993).

Brackert, Helmut/Stückrath, Jörn (Hg.) (1992): Literaturwissenschaft. Ein Grundkurs, Reinbek: Rowohlt.

Brittnacher, Hans Richard (1994): Ästhetik des Horrors, Frankfurt/M.: Suhrkamp.

Bronfen, Elisabeth (1996): Nur über ihre Leiche. Tod, Weiblichkeit und Ästhetik, München: dtv (OT: Over her dead Body. Death, femininity and the aesthetic, Manchester: Manchester University, 1992).

Brunner, Horst/Moritz, Rainer (Hg.) (1997): Literaturwissenschaftliches Lexikon. Grundbegriffe der Germanistik, Berlin: Erich Schmidt.

Canter, David (1995): Criminal Shadows. Inside the Mind of the Serial Killer, London: Harper Collins Publishers.

Canter, David (2003): Täterprofiling und differentielle Täteranalyse, in: Robertz, Frank J./Thomas, Alexandra (Hrsg.), Serienmord. Kriminologische und kulturwissenschaftliche Skizzierungen eines ungeheuerlichen Phänomens, München: belleville, 185-206 (erscheint voraussichtlich im Januar 2003).

Dern, Harald (1994): Perseveranzhypothese und kriminalistisches Handlungsfeld. Zur Diskussion kriminalistischer Schlußprozesse in der Perspektive der objektiven Hermeneutik - Eine Einführung, in: Oevermann, Ulrich et al., Kriminalistische Datenerschließung. Zur Reform des Kriminalpolizeilichen Meldedienstes, Wiesbaden: BKA, S. 15 - 119.

Douglas, John/Olshaker, Mark (1997a): Die Seele des Mörders. 25 Jahre in der FBI-Spezialeinheit für Serienverbrecher, Hamburg: Hoffmann u. Campe (OT: Mindhunter, New York: Scribner, 1996).

Douglas, John/Olshaker, Mark (1997b): Jäger in der Finsternis. Der Top-Agent des FBI schildert seine Methoden bei der Fahndung nach Serienmördern, Hamburg: Hoffmann u. Campe (OT: Journey into Darkness, New York: Scribner, 1997).

Douglas, John/Olshaker, Mark (1999): Mörder aus Besessenheit. Der Top-Agent des FBI jagt Sexualverbrecher, Hamburg: Hoffmann u. Campe 1999 (OT: Obsession, New York: Scribner, 1999).

Durkheim, Émile (1968): Kriminalität als normales Phänomen, in: Sack, Fritz/König, René (Hrsg.), Kriminalsoziologie, Frankfurt/M.: Akademische Verlagsgesellschaft, 3-8 (Erstveröffentlichung: 1895).

Eagleton, Terry (1992): Einführung in die Literaturtheorie, 2. A., Stuttgart: Metzler, (OT: Literary Theory. An Introduction, Oxford: Basil Blackwell Publisher Limited, 1983).

Eckhardt, Annegret (1994): Im Krieg mit dem Körper, Reinbek: Rowohlt.

Fuchs, Peter (1994): Der Mensch – das Medium der Gesellschaft?, in: Ders./Göbel, Andreas (Hrsg.), Der Mensch – das Medium der Gesellschaft?, Frankfurt/M.: Suhrkamp, 15-39.

Gross, Hans (1898): Criminalpsychologie, Graz: Leuschner u. Lubensky's.

Gross, Hans (1904): Handbuch für Untersuchungsrichter als System der Kriminalistik, Bd. 1, München: S. Schweitzer.

Hall, Stuart (Hrsg.) (1999): Representation. Cultural Representations and Signifying Practices, London/Thousand Oaks: Sage.

Harbort, Stephan (1999): Kriminologie des Serienmörders – Teil I, Kriminalistik 10/99, 642-650.

Hawthorn, Jeremy (1994): Grundbegriffe moderner Literaturtheorie, Tübingen/Basel: Francke (OT: A Glossary of Contemporary Literary Theory, London u.a.: Edward Arnold, 1992).

Hickethier, Knut (1991): Die Fernsehserie und das Serielle des Fernsehens, aus der Reihe: Kultur – Medien – Kommunikation, 2, Lüneburg: Lüneburger Beiträge zur Kulturwissenschaft.

Hoffmann, Jens (2001a): Auf der Suche nach der Struktur des Verbrechens. Theorien des Profilings, in: Musolff, Cornelia/Ders. (Hrsg.), Täterprofile bei Gewaltverbrechen. Mythos, Theorie und Praxis des Profilings, Berlin u.a.: Springer, 89-125.

Hoffmann, Jens (2001b): Fallanalyse im Einsatz, in: Musolff, Cornelia/Ders. (Hrsg.), Täterprofile bei Gewaltverbrechen. Mythos, Theorie und Praxis des Profilings, Berlin u.a.: Springer, 305-330.

Jagger, Elizabeth (2000): Consumer bodies, in: Hancock, Philip et al., The body, culture and society. An introduction, Buckingham/Philadelphia: Open University Press, 44-63.

Jenkins, Philip (1994): Using Murder. The Social Construction of Serial Homicide, New York: Aldine de Gruyter.

Katz, Jack (1988): Seductions of Crime, New York: Basic Books.

Keller, Reiner (1997): Diskursanalyse, in: Hitzler, Ronald/Honer, Anne (Hrsg.), Sozialwissenschaftliche Hermeneutik, Opladen: Leske + Buderich, 309-333.

Kersten, Joachim (1997a): Risiken und Nebenwirkungen: Gewaltorientierung und die Bewerkstelligung von "Männlichkeit" und "Weiblichkeit" bei Jugendlichen der *underclass*, Kriminologisches Journal, 6. Beiheft 1997, Die Gewalt in der Kriminologie, hrsg. von Susanne Krasmann/Sebastian Scheerer, Weinheim: Juventa, 103-114.

Kersten, Joachim (1997b): Gut und (Ge)schlecht. Männlichkeit, Kultur und Kriminalität, Berlin/New York: Walter de Gruyter.

Krafft-Ebing, Richard von (1924): Psychopathia Sexualis. Mit besonderer Berücksichtigung der konträren Sexualempfindung. Eine medizinisch-gerichtliche Studie für Ärzte und Juristen, 16./17. A., vollständig umgearbeitet von Albert Moll, Stuttgart: Enke.

Krasmann, Susanne (1995): Simultaneität von Körper und Sprache bei Michel Foucault, Leviathan 23, 240-262.

Krasmann, Susanne (1997): Mafiose Gewalt. Mafioses Verhalten, unternehmerische Mafia und organisierte Kriminalität, in: Kölner Zeitschrift für Soziologie und Sozialpsychologie, Sonderheft 37: Soziologie der Gewalt, 200-219.

Krause, Dieter/Schneider, Volkmar/Blaha, Richard (1998): Leichenschau am Fundort. Ein rechtsmedizinischer Leitfaden, 4. vollständig überarbeitete und erweiterte Auflage, Wiesbaden: Ullstein Medical.

Kucklick/Christoph, Luczak, Hania/Reuter, Christoph (2001): Die Macht der Ohnmächtigen, in: GEO, Heft 11, 111-126.

Laplanche, Jean/Pontalis, Jean-Bertrand (2002): Das Vokabular der Psychoanalyse, Frankfurt/M.: Suhrkamp (OT: Vocabulaire de la Psychanalyse, Paris: Presses Universitaires de France, 1967).

Laqueur, Thomas (1992): Auf den Leib geschrieben. Die Inszenierung der Geschlechter von der Antike bis Freud, Frankfurt/M.: Campus (OT: Making Sex. Body and Gender from the Greeks to Freud, Cambridge: Harvard University Press, 1990).

Lessing, Theodor (1989): Haarmann. Die Geschichte eines Werwolfs, Frankfurt a.M.: Luchterhand (Erstveröffentlichung: 1925).

Leyton, Elliott (2000): Introduction, in: Ders. (Hrsg.), Serial Murder. Modern Scientific Perspectives, Aldershot/Burlington: Dartmouth/Ashgate, xv-xxvii.

Lindenberger, Thomas/Lüdtke, Alf (1995): Einleitung: Physische Gewalt – eine Kontinuität der Moderne, in: Dies. (Hrsg.), *Physische Gewalt*. Studien zur Geschichte der Neuzeit, Frankfurt/M.: Suhrkamp, 7-38.

Linder, Joachim/Ort, Claus-Michael (Hrsg.) (1999): *Verbrechen – Justiz – Medien*. Konstellationen in Deutschland von 1900 bis zur Gegenwart, in Zusammenarbeit mit Schönert, Jörg/Wünsch, Marianne, Studien und Texte zur Sozialgeschichte der Literatur, Band 70, Tübingen: Niemeyer.

Linder, Joachim (2003): Der Serienkiller als Kunstproduzent. Zu den populären Repräsentationen multipler Tötungen, in: Robertz, Frank J./Thomas, Alexandra (Hrsg.), Serienmord. Kriminologische und kulturwissenschaftliche Skizzierungen eines ungeheuerlichen Phänomens, München: belleville, 445-470 (erscheint voraussichtlich im Januar 2003).

Lindner, Martin (1999): Der Mythos 'Lustmord'. Serienmörder in der deutschen Literatur, dem Film und der bildenden Kunst zwischen 1892 und 1932, in: Linder, Joachim/Ort, Claus-Michael (Hrsg.), *Verbrechen – Justiz – Medien*. Konstellationen in Deutschland von 1900 bis zur Gegenwart, in Zusammenarbeit mit Schönert, Jörg/Wünsch, Marianne, Studien und Texte zur Sozialgeschichte der Literatur, Band 70, Tübingen: Niemeyer, 273-305.

Luhmann, Niklas (1991): Die Form „Person", Soziale Welt, 42, 166-175.

Luhmann, Niklas (1998): Die Gesellschaft der Gesellschaft, 2 Bde., Frankfurt/M.: Suhrkamp.

Marneros, Andreas (1997): Sexualmörder. Eine erklärende Erzählung, Bonn: Edition Das Narrenschiff.

Masters, Brian (1995): Todeskult. Der Fall Jeffrey Dahmer, Reinbek: Rowohlt (OT: The Shrine of Jeffrey Dahmer, London: Hodder & Stoughton, 1993).

Meierding, Gabriele (1993): Psychokiller. Massenmedien, Massenmörder und alltägliche Gewalt, Reinbek: Rowohlt.

Meifert, Franziska (1996): Wahnsinn in Wisconsin, in: Farin, Michael/ Schmid, Hans (Hrsg): Ed Gein. A Quiet Man, München: belleville, 73-86.

Miller, Alice (1983): Am Anfang war Erziehung, Frankfurt/M.: Suhrkamp.

Murakami, Peter/Murakami, Julia (2001): Lexikon der Serienmörder. 450 Fallstudien einer pathologischen Tötungsart, München: Ullstein.

Musolff, Cornelia (2001a): Täterprofile und Fallanalyse. Eine Bestandsaufnahme, in: Dies./Hoffmann, Jens (Hrsg.), Täterprofile bei Gewaltverbrechen. Mythos, Theorie und Praxis des Profilings, Berlin u.a.: Springer, 1-33.

Musolff, Cornelia (2001b): Tausend Spuren und ihre Erzählung. Hermeneutische Verfahren in der Verbrechensbekämpfung, in: Dies./Hoffmann, Jens (Hrsg.), Täterprofile bei Gewaltverbrechen. Mythos, Theorie und Praxis des Profilings, Berlin u.a.: Springer, 151-180.

Musolff, Cornelia/Hoffmann, Jens (Hrsg.) (2001), Täterprofile bei Gewaltverbrechen. Mythos, Theorie und Praxis des Profilings, Berlin u.a.:
Springer.

Newton, Michael (2000): The Encyclopedia of Serial Killers, New York:
Checkmark Books.

Nietzsche, Friedrich (2000): Also sprach Zarathustra. Ein Buch für Alle und
Keinen, Stuttgart: Reclam (basiert auf: Nietzsche. Werke. Kritische Ge-
samtausgabe, hrsg. von Giorgio Colli und Mazzino Montinari, 6. Abteilung, Erster Band, Berlin: Walter de Gruyter, 1968).

Popitz, Heinrich (1992): Phänomene der Macht, 2. erweiterte Auflage,
Tübingen: Mohr.

Püschel, Klaus/Schröer, Judith (2001): Die Bedeutung rechtsmedizinischer
Untersuchungsergebnisse bei der Erstellung von Fallanalysen, in: Musolff, Cornelia/ Hoffmann, Jens (Hrsg.) (2001), Täterprofile bei Gewaltverbrechen. Mythos, Theorie und Praxis des Profilings, Berlin u.a.: Springer, 213-255.

Rajs, Jovan et al. (1998): Criminal Mutilation of the Human Body in Sweden –
A Thirty-Year Medico-Legal and Forensic Psychiatric Study, Journal of
Forensic Sciences 43/3, 563-580.

Reichertz, Jo (2001): Meine Mutter war eine Holmes, in: Musolff, Cornelia/
Hoffmann, Jens (Hrsg.), Täterprofile bei Gewaltverbrechen. Mythos,
Theorie und Praxis des Profilings, Berlin u.a.: Springer.

Ressler, Robert K./Shachtman, Tom (1998): Ich jagte Hannibal Lecter,
München: Heyne (OT: Whoever Fights Monsters, New York: Hardcover,
1992).

Ressler, Robert K./Burgess, Ann W./Douglas, John E. (1995): Sexual Homicide.
Patterns and Motives, New York: Lexington Books (Erstveröffentlichung:
1988).

Rodenkirchen, Franz (1996): Die Leere und die Fülle, in: Farin, Michael/
Schmid, Hans (Hrsg.): Ed Gein. A Quiet Man, München: belleville
Verlag, 49-67.

Rückert, Sabine (1999): Bitte wegschauen!, Die Zeit, 7.Januar 1999, 9-12.

Sacks, Oliver (1990): Der Mann, der seine Frau mit einem Hut verwechselte, Reinbek: Rowohlt (OT: The Man Who Mistook His Wife For a Hat, New York: Summit Books/Simon & Schuster, 1987).

Scarry, Elaine (1992): Der Körper im Schmerz. Die Chiffren der Verletzlichkeit und die Erfindung der Kultur, Frankfurt/M.: S. Fischer (OT: The Body in Pain. The Making and Unmaking of the World, New York: Oxford University Press, 1985).

Scheerer, Sebastian (2001): Mythos und Mythode. Zur sozialen Symbolik von Serienkillern und Profilern, in: Musolff, Cornelia/Hoffmann, Jens (Hrsg.), Täterprofile bei Gewaltverbrechen. Mythos, Theorie und Praxis des Profilings, Berlin u.a.: Springer.

Scheerer, Sebastian (2003): Haben Serienkiller eine Zukunft?, in: Robertz, Frank J./Thomas, Alexandra (Hrsg.), Serienmord. Kriminologische und kulturwissenschaftliche Skizzierungen eines ungeheuerlichen Phänomens, München: belleville, 499-508 (erscheint voraussichtlich im Januar 2003).

Schönert, Jörg et al. (1991): Erzählte Kriminalität. Zur Typologie und Funktion von narrativen Darstellungen in Strafrechtspflege, Publizistik und Literatur zwischen 1770 und 1920. Vorträge zu einem interdisziplinären Kolloquium, Hamburg, 10.-12.April 1985, Studien und Texte zur Sozialgeschichte der Literatur, Band 27, Tübingen: Niemeyer.

Seifert, Ruth (1996): Der weibliche Körper als Symbol und Zeichen. Geschlechtsspezifische Gewalt und die kulturelle Konstruktion des Krieges, in: Gestrich, Andreas (Hrsg.), Gewalt im Krieg. Ausübung, Erfahrung und Verweigerung von Gewalt in Kriegen des 20. Jahrhunderts, Münster: Lit Verlag, 13-33.

Seltzer, Mark (1998): Serial Killers. Death and Life in America's Wound Culture, New York u.a.: Routledge.

Shilling, Chris (1993): The Body and Social Theory, London u.a.: Sage.

Sieferle, Rolf Peter (1998): Einleitung, in Ders./Breuninger, Helga (Hrsg.), *Kulturen der Gewalt*. Ritualisierung und Symbolisierung von Gewalt in der Geschichte, Frankfurt/M./New York: Campus, 9-29.

Skrapec, Candice (2000): The Sexual Component of Serial Murder, in: Leyton, Elliott (Hrsg.), Serial Murder. Modern Scientific Perspectives, Aldershot/ Burlington: Dartmouth/Ashgate, 507-531 (Erstveröffentlichung: 1996).

Skrapec, Candice (2001): Phenomenology and Serial Murder: Asking Different Questions, in: Homicide Studies. An Interdisciplinary & International Journal, Vol. 5, No. 1, 46-63.

Sofsky, Wolfgang (1997): Traktat über die Gewalt, Frankfurt/M.: Büchergilde Gutenberg.

Stehr, Johannes (1998): Sagenhafter Alltag. Über die private Aneignung herrschender Moral, Frankfurt/M./New York: Campus.

Stockinger, Günther (2000): Freiwillig ins Folterstudio, Der Spiegel 13, 298 u. 300.

Strasser, Peter (1984): Verbrechermenschen. Zur kriminalwissenschaftlichen Erzeugung des Bösen, Frankfurt/M.: Campus.

Stratton, Jon (1996): Serial Killing and the Transformation of the Social, Theory, Culture & Society 13, 77-98.

Tatar, Maria (1995): Lustmord. Sexual Murder in Weimar Germany, Princeton: Princeton University.

Theweleit, Klaus (1993): Männerphantasien 1: Frauen, Fluten, Körper, Geschichte, Reinbek: Rowohlt.

Trotha, Trutz von (1997): Zur Soziologie der Gewalt, in: Kölner Zeitschrift für Soziologie und Sozialpsychologie, Sonderheft 37: Soziologie der Gewalt, 9-56.

Turvey, Brent E. (1999): Criminal Profiling. An Introduction to Behavioral Evidence Analysis, San Diego/London: Academic Press.

Ullrich, Simone/Marneros, Andreas (2001): "Was ist das nur für ein Mensch, der so etwas tun konnte?" Von der Individualisierung zur Typologisierung von Täterprofilen, in: Musolff, Cornelia/Hoffmann, Jens (Hrsg.), Täterprofile bei Gewaltverbrechen. Mythos, Theorie und Praxis des Profilings, Berlin u.a.: Springer.

Wulffen, Erich (1910): Der Sexualverbrecher. Ein Handbuch für Juristen, Verwaltungsbeamte und Ärzte, Berlin/Groß-Lichterfelde: Langenscheidt.

Zimbardo, Philip G./Gerrig, Richard J. (1999): Psychologie, 7., neu übersetzte und bearbeitete Auflage, herausgegeben und bearbeitet von Hoppe-Graff, Siegfried/Engel, Irma, Berlin u.a.: Springer (OT: Psychology and Life, 14th Edition, New York: Harper Collins, 1996).

Danksagung

In den letzten Monaten und Jahren haben mich Menschen begleitet, mir mit Rat und Tat zur Seite gestanden und mich inspiriert. Ihnen gebührt mein Dank. Ohne ihre Unterstützung und Mithilfe könnte das Buch nicht in seiner jetzigen Fassung erscheinen.

Frank Robertz und Sebastian Scheerer bin ich in jeglicher Form zu Dank verpflichtet – für ihre Anregungen, ihre Hilfe und ihre weisen wie humorvollen Worte. Auch der Dritte im Bunde soll nicht unerwähnt bleiben: Wolf-R. Kemper. Des Weiteren danke ich Klaus Bartels für wertvolle Hinweise, Einblicke und die Motivation, der Literaturwissenschaft bis zum Ende treu zu bleiben. Ein besonderer Dank gilt Klaus Püschel und seinen Mitarbeitern vom Institut für Rechtsmedizin der Universität Hamburg, bei denen ich im Sommer 1998 eine zweiwöchige Hospitation absolviert habe. Die in dieser Zeit gesammelten Erfahrungen haben mich in meiner wissenschaftlichen Entwicklung maßgeblich geprägt.

Ein fettes Dankeschön geht an Andi und Anke, die das Manuskript korrekturgelesen, wichtige Verbesserungsideen beigesteuert und mich auch sonst auf jede erdenkliche Art unterstützt haben – sei es mit aufmunternden Worten oder einem ordentlichen Frühstück. Gleichfalls danke ich Silke für ihre Beratung in medizinischen Fragen, weitere Erstlese-Eindrücke und einen denkwürdigen, weil inspirierenden Kneipenbummel. Ein Extra-Dank in Sachen Interdisziplinarität geht an Renate: Unsere Gespräche haben fundamentale Übereinstimmungen zwischen der Elementaren Musikpädagogik und der Kriminologie zutage gefördert – die gemeinsam ausgetauschten Erkenntnisse über Rhythmik und Körperwahrnehmung haben mich entscheidend in meinem eigenen körperorientierten Ansatz beeinflusst.

And last but not least danke ich Britta, Christiane, Claudia, Cornelia, Jördis, Jörg, Katerina und Manu – weil sie einfach da waren, mir Mut gemacht haben und trotz der desolaten Thematik des Buches immer wieder nach dem Stand der Dinge gefragt haben.